SV

MIRJAM WITTIG

AN DER GRASNARBE

ROMAN

Suhrkamp

Erste Auflage 2022

Satz: Greiner & Reichel, Köln
Druck: CPI books GmbH, Leck
Printed in Germany
ISBN 978-3-518-43062-0

AN DER GRASNARBE

Unter deiner Führung werden etwa noch verbliebene Spuren unseres Frevels ihre Wirkung verlieren und so die Lande von ständiger Furcht befreien. [...] Die Erde muss keine Hacke mehr erdulden, die Rebe keine Sichel; auch der starke Pflüger wird seine Stiere vom Joch befreien. Die Wolle muss nicht mehr lernen, verschiedene Farben vorzutäuschen, vielmehr wird der Widder auf der Wiese sein Fell von selbst bald in lieblich rotem Purpur, bald in krokusfarbenem Gelb erstrahlen lassen; von selbst wird weidende Lämmer Scharlach kleiden.

Vergil, *Eclogae*

PROLOG

In Paris konzentriere ich mich die ganze Zeit auf anderes, um nicht, es wird mir hier nicht, auf dem Weg nicht, es wird diesmal: Ich atme rechtzeitig tief ein und aus, falte die Lunge auf, die Lunge wieder ein wie eine Papiertüte entlang ihrer Knicke.

Wenn ich die Augen einen Moment über das Blinzeln hinaus schließe, sehe ich wieder einen, sehe ihn in die Luft gehen, mich unter einen Sitz klappen, sehe ich die Explosion, den Kopf eingezogen, fühle die Druckwelle, höre, sehe, wie einer ein Zeichen und dann etwas drückt, ein Zeichen macht und etwas schreit, und dann ist alles zerfetzt. Ich öffne die Augen. Als ob ich wüsste, was eine Druckwelle mit dem Körper macht.

Ich atme und atme und konzentriere mich möglichst darauf, ich beachte die Gepäckstücke nicht, die Gepäckstücke von Männern (auf allen Bildern und Audiospuren sind es Männer), ich beachte ihre Tagesrucksäcke nicht, ihre Gürteltaschen, Koffer, Tüten, Reisetaschen. Ich höre die Kofferrollen nicht, die über die Schwellen der Rolltreppen klacken oder über die Platten am Boden. Es klackt ohne mich. Auf die Lungenflügel, meine im Brustkorb eingeknickten Flügel, konzentriere ich mich, auf meine Schritte, auf den Weg. Durch die gewölbten Fenster fällt schon die Dämmerung, in der Halle laufen die Menschen in Feierabendströmen, hunderte Nachhausewege, Pendelschritte in die Bahn, in die Nachbarstädte oder die Banlieues. Alle kennen sich aus in den identisch aussehenden tunnelartigen Passagen, kein Zögern ist zu erkennen, niemand fingert nach wenigen Schritten schon wieder, noch einmal, ein letztes Mal noch die Fahrkarte aus dem Rucksack, als wäre sie ein Kompass.

Es funktioniert. Ich kann die Ordnung halten. Ich beachte das helle Rattern der Gepäckwagen nicht (Gepäckwagen, wie sie auf den Aufnahmen des Brüsseler Flughafens zu sehen waren, einer darauf trug einen Fischerhut, schlimm genug, ein Hütchen war das, ein unfassbar banales Detail). Ich sehe niemanden lang genug an für einen echten Verdacht, einen unerträglichen Verdacht, den ich nie wiedergutmachen kann. Wie ich keine dieser Situationen wieder einholen kann, zurückdrehen, ich kann nicht einfach zu einem hingehen und sagen: Es tut mir leid. Tut mir leid, wirklich, dass ich einen wie dich, nein, konkret dich für einen Mörder halte – das ist mein Fehler. Stattdessen sehe ich die Platten am Boden an und Pfeile darauf, die mir den Weg zum Bahnsteig weisen. Durch die Passage und hinunter, zur Metro, einen der Schächte hinunter, tiefer gelegen und wärmer ist es hier, hier unten in den U-Bahn-Schächten, den U-Bahn-Gedärmen.

Am Bahnsteig ist die Wasserflasche in meiner Hand wie ein Baseballschläger aus Alu, das denke ich nur für den Bruchteil einer Sekunde, aber ein wenig Beruhigung liegt trotzdem darin. Ich trinke in kleinen Schlucken, um mich heben und senken die anderen die Brustkörbe, eng an mir, nah, fast nackennah, ihre Atemwolken. Im Gedränge ist das nicht einzuschätzen, ob einer in meiner Nähe so einen Gürtel umgeschnallt oder etwas in seiner Sporttasche – ob da einer nervös aussieht, übernächtigt, wie einer, der gleich eine Pistole zieht.

Den blanken Boden kann ich am Gleis nur selten sehen, so viele Schuhe stehen darauf.

Die Bahn fährt ein, Luft kommt mit ihr aus dem Schacht und reißt an den Bändern meines Rucksacks, der Wind macht ein Geräusch, als er so aus dem Tunnel platzt. Ich muss die Schultern erst wieder entkrampfen. Vor mir stößt eine aus der U-Bahn, eine junge Frau stößt zu einem hin, als sich die Türen öffnen, wird von ihm begrüßt. Ich drehe den Kopf zu ihnen hinüber, um den Moment der aufkommenden Münder nicht zu verpassen, ihr großes Lächeln vorher und dann die Gesichter, wie sie an den Lippen heftig aufschlagen.

I

Es war kalt am Rand der französischen Landstraße, deren Asphalt unter einer einzelnen Laterne glänzte, und es dauerte mehr als eine halbe Stunde, bis überhaupt das erste Auto auftauchte, ein Citroën, der irgendwann einmal weiß gewesen sein musste. Er hielt direkt vor mir, und bevor ich in Panik ausbrechen konnte, stieg die Fahrerin aus und war Ella, die freundlich lächelte und gekommen war, um mich abzuholen.

»Damit fahren wir manchmal auch Schafe zum Schlachter«, sagte Ella und warf mein Gepäck in den hinteren Teil des kleinen Transporters. »Na ja, oder zu einer anderen Weide. Einmal sind uns ein paar Böcke ausgebrochen, die wir dann einzeln von der Landstraße sammeln mussten. Die waren vielleicht gestresst, die Armen.« Ich lächelte höflich. Im Auto war es dunstig und warm, es roch nach Stroh, Schafskot und Plastik.

Die Scheinwerfer erlaubten mir nur einen eingeschränkten Blick in die Umgebung. Alles war spitz, die Felskanten, die sich rechts bis an den Straßenrand zackten, das Gestrüpp, das dazwischen hervorragte. Die ganze Busfahrt über hatte es geregnet, hier hing nun die Feuchtigkeit über der Fahrbahn. Nebel stand in den Kurven, und ich konnte nicht sehen und nicht ahnen, was dahinter lag. Als irgendwann ein paar wenige erleuchtete Fenster im Dunkel zu erkennen waren, zeigte Ella darauf und sagte, dass sie dort wohnten. Sie lenkte den Wagen routiniert, nur die Kupplung klang, als würde sie direkt über den Asphalt kratzen.

»Gregor hat hoffentlich schon gekocht. Bist du Vegetarierin?«

Ich nickte.

»Ich hoffe, nicht zu streng. Unsere Tochter ist im Moment krank, da können wir unmöglich was ohne Fleisch machen.« Sie lachte. »Na, mal sehen, wie die Stimmung ist.«

Ich suchte nach etwas, das ich sagen könnte. Schweigend sah ich in die Dunkelheit, mit einem Gefühl, als stünde ich noch allein an der Straße.

»Ach, ihr habt eine Tochter?«, sagte ich dann. »Das hab ich in den E-Mails gar nicht verstanden.« Nur einmal hatte sie eine Jade erwähnt, da hatte ich gedacht, was für ein exzentrischer Name für einen Hund.

Jade trug einen blauen Pullover, das war alles, was ich von ihr sehen konnte. Sie lag auf dem Sofa in der Wohnküche, als wir ankamen, und beachtete mich erst einmal nicht. Sie rief nach Ella, die sich sofort zu ihr setzte, ohne nur ihre Tasche abzulegen oder ihre Schuhe auszuziehen. Die beiden begannen, miteinander zu flüstern. Der Mann, Gregor, stand mit dem Rücken zu mir über die Spüle gebeugt. In der Sekunde, in der Ella in den Raum gekommen war, hatte er angefangen, mit ihr zu sprechen. Er drehte sich dafür nicht um und bemerkte offenbar nicht, dass Ella mit ihrer Tochter beschäftigt war. Ich stand an der Schwelle und musste immer wieder zum Telefon schauen, das in Griffweite neben mir auf dem Computertisch lag. Ich wollte es gern nehmen. Ich wollte es unbedingt nehmen und andere Stimmen hören als die, die dieser Raum bot, Lukas, Aseel und Mejet, Merle. Die Autofahrt mit Merle, noch in Stunden zählbar lag die zurück, als ich neben ihr saß und sie fragen wollte, ob sie vielleicht den ganzen Weg mit mir kommen, mich abends ins Hostel und morgens zum Bahnhof tragen könnte: Kannst du für mich im Restaurant bestellen und mir das Essen in den Mund schieben, unter das Tuch, das ich von jetzt an über meinen Kopf legen will? Kannst du den Menschen an der Rezeption erklären, warum du mich auf dem Rücken hast und mein Vormund bist und warum ich dieses Tuch vor dem Gesicht tragen muss?

»Hallo Noa«, sagte Gregor und wischte sich mit dem Handrücken über die Stirn. Er hatte die Hände noch voller Schaum, als er zur Begrüßung mich und den Rucksack umarmte und ich endlich ganz in den Raum gekommen war. Er nahm mir den Rucksack ab, zögerte kurz und stellte ihn dann doch nach draußen in den Flur. »Hier ist nie genug Platz«, sagte er. Ich durfte mich an den Tisch setzen, nein, ich solle nicht helfen, sondern mich ausruhen. Ich sah mich möglichst unauffällig um. Die Wände der Stube waren an vielen Stellen von Ruß oder etwas anderem dunkel verfärbt. In der Nische, in der früher der offene Kamin gewesen sein musste, stand ein kleiner Holzofen, die Wand dahinter zeigte die Steine der Außenmauer. Der Kaminsims war vollgestellt mit Zeug, manches konnten Tierknochen sein, anderes war vor Staub unkenntlich, ein paar ausgeblichene Plastikfiguren aus Überraschungseiern waren dabei.

Ich legte den Kopf in den Nacken. Die Holzbohlen der Zimmerdecke bildeten wahrscheinlich gleichzeitig den Fußboden des oberen Stockwerks. An manchen Stellen sah das dunkle Holz angegriffen aus, hatte weiße Spuren, ich konnte nicht sagen, ob von Feuer oder von Schimmel. Als ich mich weiter umschaute, traf mein Blick den Blick des Kindes. Jade hatte aufgehört zu flüstern und musterte mich, nicht lauernd, aber sehr aufmerksam für ein krankes Kind. Ella saß nicht mehr bei ihr.

»Hallo.« Ich lächelte, aber mein Kiefer war ganz angespannt.

»Hallo.«

Dass ihre Augen mir derart grün auffielen, lag vielleicht am Licht. Sie musste diese ersten Abende gewohnt sein und übernahm die Unterhaltung für mich.

»Bist du gut angekommen?«

Ich nickte sofort.

»Ja, es hat nur sehr lang gedauert, aber war okay, habe ja eine Nacht Zwischenstopp gemacht.«

»Mir geht's nicht gut heute, ich hab Bauchschmerzen«, sagte sie schwach und lehnte den Kopf zurück.

»Kommst du jetzt trotzdem mal an den Tisch, bitte.« Gregor stellte die dampfende Auflaufform vor mir ab. »Wir werden nicht essen, während du da wehleidig auf der Couch liegst.«

Ella, die in seinem Rücken stand, schüttelte den Kopf und machte, zu Jade hin, eine Grimasse. Sie streckte die Hand aus: »Na komm, du kannst auf meinem Schoß sitzen.«

—

Vor dem Haus wuchs eine Zeder. Vom Kinderzimmer aus, in dem ich die erste Nacht geschlafen hatte, konnte ich den Tau in ihren Zweigen hängen sehen und wie weit ihre Äste in die Luft griffen, mehr nicht. Die Gegend blieb verdeckt. Unter der Zeder stand der Citroën C15, mit dem Ella mich abgeholt hatte. Ein Modell, das nicht mehr hergestellt wurde, aber es hatte sich hier ein Schwarzmarkt um die letzten Exemplare gebildet. *Anstatt es wieder in Produktion zu nehmen*, Gregor hatte das mit einer abfälligen Handbewegung gesagt, *Franzosen* nachgeschoben.

Im Kinderzimmer konnte ich meinen Atem sehen, so kalt

war es. Ich zog mich in verkrampfter Haltung an, mein Blick fiel auf den Spiegel. Es hatte etwas Komplizinnenhaftes, ich hätte meinem Gegenüber-Ich zuzwinkern können, aufmunternd, als wäre eine von uns Merle, die mir sagte, dass hier alles leichter und morgen schon besser sein würde.

Ich würde heute als Erstes mit Jade und Gregor die Schafe auf den Bergrücken bringen und dort ein paar Stunden hüten. *Demnächst solltest du das dann allein machen*, hatte Ella vor dem Schlafengehen gesagt.

Ich kam in die Wohnküche, niemand war dort, der Raum kahler als am Abend, es stach viel stärker ins Auge, dass die Wände nicht verputzt waren. *Eine Almhütte mit karierter Tischdecke haben wir hier nicht, gell*, ich hatte diesen Satz aus Ellas letzter Mail nicht deuten können, ob darin Witz lag oder Aggression.

Ich fand die kleinen Schüsseln, schnitt mir eine Banane in Haferflocken und goss Milch aus einer Plastikflasche vom Discounter dazu. Um sie dann nicht essen zu können, weil mein Magen ein Knoten blieb.

Ella würde erst mittags aus dem Gemeinschaftsladen nach Hause kommen, in dem Produkte der kleinen Höfe aus allen umliegenden Tälern verkauft wurden. Gregor und Ella boten dort Konserven an, vor allem aber Marmeladen, hin und wieder ein Chutney. Im Kühlschrank entdeckte ich angebrochene Gläser, ich würde sie aufschrauben und daran riechen, wenn die Übelkeit überwunden wäre.

Ich war zu früh aufgestanden. Eine Stunde lang hörte ich der Uhr zu, die man von der Wand nehmen und als Küchenwaage benutzen konnte, ich blätterte in Werbeprospekten, die sich auf dem Couchtisch stapelten, und begann, Messbecher und Schöpfkellen zu spülen. Ich wagte mich nicht aus dem Raum. Am Ende müssten sie mich suchen, und dann wäre ich schuld an einer Verspätung. Das Müsli wollte ich nicht wegwerfen und nicht stehen lassen. Ich stellte es schließlich hoch in die Kühlschrankkälte des Kinderzimmers und hätte lachen können über diese Peinlichkeit oder Merle davon erzählen oder mir in die Hand beißen.

Endlich kam Jade die Treppe nach unten gewankt, Schlaf in den Augen und in einem ganz verdreckten Sweatshirt.

»Papa ist schon draußen, glaub ich.«

Als wir uns die Schuhe anzogen, fragte ich sie erst, ob es ihr besser gehe, und dann, wie ihr Name richtig ausgesprochen würde. Wir hatten kaum Blickkontakt. Ich musste zu leise gesprochen haben, sie verstand erst beim zweiten Anlauf. Schon am Abend hatte ich ständig etwas wiederholen müssen, mit angestrengter Stimme. Diese Kleinheit an mir war schwer auszuhalten. Merle hätte gesagt, dass man geduldig sein müsse mit einem ersten Tag.

»Du musst es französisch sagen.« Jade machte es ein paarmal vor, französisch weiches *s-c-h* und dann am Ende das kaum hörbare *e*.

»Wenn man das deutsch aufschreibt, würdest du *Schade* heißen!« Ich wollte sie angrinsen, aber sie war schon los und sprang die Treppe hinunter. Immerhin konnte ich hören, dass sie lachte, als sie *Hä, Quatsch* rief.

Gregor stand mit den beiden Hunden an der Weide auf der anderen Seite der Straße und winkte uns zu sich. Den Namen der älteren Hündin hatte ich mir nicht merken können. Der Große, WolfZwei, reichte Gregor bis über die Hüfte, wenn er saß. Gregor öffnete das Gatter und schüttelte einen Eimer mit Körnern. Die Weide lag am Hang, und über die abschüssige Wiese bewegten sich die Tiere nur langsam in unsere Richtung, immer wieder blieben sie stehen, um vom kurzen

Gras zu fressen. Es regnete leicht, und sie kamen mir schmutzig vor, fast grau.

»Normalerweise lassen wir sie den ganzen Winter über allein auf dem Berg, hierher kommen sie eigentlich erst viel später. Wir bringen sie im November einmal rauf, und dann ist gut«, sagte Gregor. Jade war auf die Weide verschwunden. Als ich sie wieder sah, lief sie hinter den Schafen her und trieb sie an.

»Die laufen selbstständig die Hänge ab und fressen die Kastanien vom letzten Jahr. Wir fahren nur einmal am Tag hoch, um ihnen Wasser zu geben und selten mal einen neuen Salzstein.«

Gregor drehte sich um und ging vorweg, mitten auf der Straße. Ich hielt mich neben ihm, einige Meter hinter uns folgten die Tiere, die Hunde liefen neben Jade. Für einen kurzen Moment konnte man zwischen den Bäumen über uns das Haus sehen, wie es sich langgestreckt vom Berg abhob, steinern und nur um die Fenster herum hell verputzt. Es mussten noch andere Menschen darin wohnen, bisher hatte ich weniger als die Hälfte des Hauses gesehen. Ich kam nicht dazu, Gregor danach zu fragen – ich war damit beschäftigt, den Kopf zu drehen und zurückzuschauen: die wackelnden Schafskörper, dicht gedrängt hinter uns, absurd und schön.

»Wir haben Winter- und Sommerweiden. Eigentlich ist, was wir machen, eine halbe *transhumance.*«

Er bemerkte, dass ich schwieg.

»Der Wechsel der Herde von einem an den anderen Ort. Es gibt einen großen Umzug hier jeden Sommer, vergleichbar mit dem Almauftrieb in Deutschland. Tausende Tiere ziehen mit. Von hier aus sind es zu Fuß immer noch zwei Wochen bis auf die Hochebenen. Ella findet es albern, sie nennt das Schäferromantik. Hat sie vielleicht recht. Aber es muss atemberaubend sein, mitzumachen.«

Ich nickte und konnte es mir doch nicht vorstellen. Schon das hier, mit fünfzig Tieren mitten auf der Landstraße zu gehen, kam mir unlogisch vor, als ob es nicht wahr wäre, wie zu lange her. Mir froren die Füße. Eine Weile ging es bergauf, es kam nicht ein einziges Auto, das für uns hätte anhalten müssen. Auf der linken Seite begrenzte eine Mauer die Straße, dahinter musste es weit in die Tiefe gehen, es waren nur die Spitzen der Bäume zu sehen, die viel weiter unten wurzelten. Aus dem Talkessel stieg vielleicht Nebel auf, vielleicht waren es Wolken, ich wusste nicht, was den Unterschied ausmachte.

Rechts von uns wuchsen Gestrüpp und geduckte Bäume am Hang, die ich für Olivenbäume hielt, ich konnte den Arm ausstrecken und nach den festen Blättern greifen. Am Boden darunter ragten Felsen und Steine hervor.

»Die sind südeuropäisch, winterhart, die behalten ihr Laub das ganze Jahr. Heißen Grüneichen, wahrscheinlich kennst du sie nicht, oder? Die kommen in Nordeuropa nicht vor, na, zählen wir Deutschland mal zu Nordeuropa. Die Hälfte des Kontinents, die Sachen geregelt kriegt.« Gregor griff plötzlich nach einem Grüneichenstamm, setzte den Fuß auf einen Felsvorsprung und fing an, den Hang hochzuklettern. Ich folgte ihm. Ich kannte Gregor noch nicht genug, um eine Diskussion über den Preis für oder seine Definition von *etwas geregelt kriegen* anzufangen – aber wann kannte ich überhaupt jemanden genug für eine Diskussion: Ich schwieg wieder und schämte mich, als wäre das ein legitimer Beitrag.

Der Berghang stieg steil an, und der Nieselregen ließ den Boden seifig werden, einmal rutschte ich aus. Ich sah mich wieder um, die Schafe kamen uns ohne Probleme nach. Schafe seien erstaunlich gute Kletterer und auch mit Gämsen verwandt. Gregor keuchte.

»Wir haben sie eigentlich gerade erst runtergebracht. Aber jetzt will Ella doch, dass die Hänge noch einmal systematisch abgefressen werden. Die Wiese muss noch ein bisschen wachsen. Ich hätte sie gleich oben gelassen, das hätte Zeit gespart. Andererseits, so siehst du direkt, wo du hier bist, kannst dich auf oben freuen.«

Es dauerte eine Weile, bis fast kein Tier mehr auf der Straße ging. Nur eines blieb einfach stehen. Jade, nicht viel größer als das Schaf, packte zu, grub ihre kleinen Hände in die Wolle und stemmte sich dagegen, bis das Tier nachgab und den anderen folgte.

»Wie stark du bist«, rief ich ihr zu, sie zuckte mit den Schultern und wirkte trotzdem zufrieden.

Der Aufstieg erforderte nun Konzentration, und auch Gregor sprach nicht mehr. Irgendwann lichtete sich der Wald, die Grüneichen wurden von Kastanien abgelöst, zwischen deren Stämmen mehr Platz war. Die Steigung nahm ab, es ließ sich bequem gehen. Gregor hielt an.

»Jetzt lassen wir sie einfach ein, zwei Stunden laufen und nehmen sie später wieder ein Stück mit nach unten. Da gibt es eine Stelle, an die wir ihnen das Wasser mit dem Auto bringen können.« Er stützte sich auf den Stab, den er unterwegs benutzt hatte, um einzelne Tiere zurückzuhalten, die sich an ihm vorbeidrängten. Die Herde zerstreute sich, man hörte sie, das einzige Geräusch, überall im Laub wühlen. Ich hockte mich hin und streckte die Hand nach einem dicken Schaf aus, das auf einer Kastanie kaute. Bevor ich es berühren konnte, lief es weg, das versetzte mir einen Stich, und ich hoffte, dass weder Gregor noch Jade es gesehen hatten. Jade blieb weiter unten, außerhalb meiner Rufweite, vielleicht mit Absicht, vielleicht, um in Ruhe mit den Hunden zu spielen.

Ich richtete mich auf und streckte den Rücken. Ich müsste mir nur Zeit geben, ich müsste mir nur sagen, dass ich viele

Tage, sogar Wochen zur Verfügung hatte. Außerdem konnte ich von hier aus zum ersten Mal das ganze Tal sehen. Nass zwar, von hellen Wolken durchzogen, anschraffiert, halb verborgen, aber die vereinzelt stehenden Häuser waren aus Stein und alt, und die Bäume standen trotz des Winters ganz grün, als wäre die Zeit hier anders sortiert.

Mittags aßen wir helles Brot, das Ella nach der Arbeit vom Bäcker mitgebracht hatte, und einen salzigen Salat aus Oliven, Zwiebeln und Schafskäse. Ich setzte mich auf den Platz neben Gregor, weil man von hier aus das Fenster und dahinter das Tal sehen konnte. Der Nebel hatte sich mit einem leichten Wind aufgelöst, war nach oben wie durch einen Schornstein abgezogen: Ich hatte es nicht mitbekommen. Blass schien die Sonne über die Kuppe auf der anderen Talseite, unten erahnte ich die Kurven des kleinen Flusses.

»Oh, das ist Jades Platz«, sagte Ella, aber Jade, die von unserem Ausflug noch rote Wangen hatte, zuckte nur die Schultern und schob sich auf den Stuhl mir gegenüber.

»Ist egal.«

»Na gut, aber so bleiben wir jetzt, nicht jedes Mal umsetzen, ja?« Ella sagte das in meine Richtung, und ich musste erst in ihr Gesicht und sie lächeln sehen.

Ich riss etwas vom Brot ab und tat mir viel Salat auf, endlich ein Hunger wie nach dem Schwimmen und kein Knoten mehr.

»Schau, am besten ist es so.« Jade tunkte ein Stück Brot in die ölige Sauce unten im Teller. Wir grinsten uns an, als ich es ihr sofort nachmachte. Wir aßen, und bis auf einige Absprachen zwischen Ella und Gregor, die unsere Arbeit am Nachmittag betrafen und die ich kaum verstand, redeten wir wenig. Ich hielt es schwer aus, dass es kein Tischgespräch gab:

Das musste etwas bedeuten, es musste an mir liegen, dass sie mir keine Fragen stellten.

»Wie kam es, dass ihr hergezogen seid?«

Ella schnitt die Rinde von einem Stück Käse herunter, steckte es sich in den Mund und nickte zu Gregor hinüber, der das als Aufforderung verstand.

»Wir waren etwa dreißig. Vor allem ich hatte den Wunsch, herzukommen. Ich mochte die Gegend schon, bevor wir uns kennengelernt haben. Aber du kannst dir nicht vorstellen, wie es hier am Anfang aussah!« Wenn Gregor lachte, war seine Stimme viel höher, als wenn er sprach. Ein hohes Kichern, aus dem etwas klang, das vielleicht Scham über das eigene Lachen war.

»Wie meinst du?«

»Das hier war mal ein Schloss.« Während Gregor weitersprach, wischte ich mir verstohlen Öl vom Kinn. »Hier haben lange Zeit wohlhabende Familien gelebt, wegen der Aussicht wahrscheinlich. Das letzte Mal, dass das Land bewirtschaftet wurde, muss aber mehrere hundert Jahre her sein. Im achtzehnten Jahrhundert lebten Mönche hier.« Er wies unbestimmt mit dem Finger hinter uns, ich drehte den Kopf mit, sah aber natürlich nur die Wand der Wohnküche. »Schau dir die anderen Hausflügel genauer an, wenn du später rausgehst. Hier haben bis zu zwanzig Leute gewohnt.«

Ich verzog das Gesicht: »Wie alt die Mauern sein müssen. Gruselig.« Ella nickte.

Ich drehte mich noch einmal um und blickte auf die Wand, der man doch etwas davon ansehen, die von so vielen Jahren Behaustheit doch etwas ausdünsten müsste, eine Wärme vielleicht oder einen Geruch. Jade summte vor sich hin. Ich hätte gern etwas Originelles gefragt, um mich von den Helferinnen vor mir abzuheben.

»Jedenfalls«, sagte Gregor, »mussten wir an einigen Stellen roden, weil gegen die Brombeeren nichts anderes geholfen hat. Ungelogen, es waren *Wälder* aus Dornen. Wir haben damals wochenlang gearbeitet, wie die Ochsen, an allem gleichzeitig. In meiner Erinnerung haben wir nie mehr als drei Stunden geschlafen. Wir mussten das Haus bewohnbar machen. Und vor allem draußen die Felder vorbereiten. Das war pure Glaubenskraft. Das Land überhaupt nutzbar zu machen hat Monate gedauert. Ella wurde bald danach schwanger, und als Jade kam, hatten wir gerade das erste Mal geerntet.«

Ellas Gesicht öffnete sich, wie wenn man einen Vorhang zurückzog: »An die ersten Auberginen kann ich mich wahrscheinlich kurz vor dem Sterben noch erinnern, die in der Hand zu haben und die ersten Kartoffelkisten vollzumachen.«

Es war, als könnten Jade und ich den beiden dabei zusehen, wie sie zu früheren Versionen wurden, die die Splitter von Dornen in der Haut an Armen und Händen nicht bemerkten, weil sie alles *bereit* machen mussten. Ganz stark waren sie und flirrten sich über den Tisch hinweg an.

Dann nahm Ella die Teekanne in beide Hände und stand auf. »So lange her. Wenn ich jetzt nur drei Stunden schlafe, dann gute Nacht.«

Das Glühen war aus der Luft, nach oben abgezogen wie der Nebel. Jade sprang vom Stuhl.

»Ich mag jetzt Videos schauen, könnt ihr woanders Mittagspause machen? Und was ist mit heute Nachmittag, muss Noa noch Zwiebeln setzen? Ich hab keine Lust mehr, ich war schon stundenlang draußen, Mama, ich bin *crevée*.«

—

Ich lehnte mich nach vorn und erhöhte den Druck. Während es sich auf allen Autobahnen zu stauen schien, presste meine Hand eine Knolle Knoblauch zusammen, bis die dünnen Häutchen rissen und ich die einzelnen Zehen besser auslösen konnte. Gregor rührte im Topf, eher ein Kessel, in dem kiloweise Auberginen auftauten.

»Was hab ich Zeit auf der A9 vergeudet.« Er sah nach draußen und schien vergessen zu haben, wovon er gerade eigentlich erzählte. Es stürmte so stark, dass die Zeder sich bis vors Küchenfenster beugte und wir nach wenigen Minuten das Pflanzen abgebrochen und uns zur Sicherheit auf Hausarbeit verlegt hatten – nicht ohne vorher einige Minuten vom Kellereingang aus über das Tal zu schauen, Gregor mit tief gefurchter Stirn: *Im März stürmt es hier nicht.*

Niemand wusste, was Sturm im März bedeutete, wie solche Zeichen überhaupt zu deuten waren. Ich nahm sie ratlos zur Kenntnis, Gregor oder Ella bereiteten sie Sorge. Aber über ein allgemeines *Alles ist bereits durcheinander* kamen auch sie nicht hinaus.

Als Gregor und ich in die Wohnküche gekommen waren, lief das Internetradio noch. Nicht einmal zur Verkehrsdurchsage stellten wir es leiser. Meine Hände klebten vom Knoblauch, Gregor hatte begonnen, eine Chili zu hacken. Bei Nürnberg standen die Menschen beinahe eine Stunde.

»Ich war viel unterwegs in der Zeit vor unserem Umzug, auch für Bekannte, für die ich Tiertransporte oder den Transport anderer schwerer Lasten übernommen habe. Damals habe ich eigentlich noch am Institut gearbeitet. Aber außer dem Fahren und Umzugsvorbereitungen konnte ich mich zu nichts durchringen. Ich war eh schon lange quasi arbeitsunfähig.«

»Das wusste ich nicht. Aber ich kann mir auch nur schwer

vorstellen, dass es euch schon vorher an einem anderen Ort gegeben hat.« Die Knoblauchschalen vor mir raschelten von meinem Atem, sobald ich sprach. »Was heißt, du konntest dich zu nichts durchringen?«

Auf dem Tisch vibrierte kurz mein Handy, vielleicht eine Nachricht von Aseel. Von ihr und Mejet hatte ich seit meiner Abreise noch nichts gehört. Vielleicht könnte sie mir später ein bisschen vom Kicken erzählen, ich sah sie und Mejet vor mir, wie jeden Mittwoch ein paar Bälle spielen, vielleicht mit den anderen, jedenfalls ohne mich.

»Eine Art Blockade. Ich wusste längst, dass wir den Umzug machen würden. Aber sobald es um meine eigentliche Arbeit ging, Korrekturen oder ein Seminar vorbereiten – ich weiß nicht mehr, ich war einfach so müde, dass ich eingeschlafen bin, ohne Scheiß. Alles andere war kein Problem: Schafherde aufbauen, den Haushalt auflösen, ganze Nächte durch fahren, um Papiere zu unterschreiben. Nur sobald ich an den Schreibtisch kam: alles weg. Ich weiß nicht, was mein Körper da gemacht hat.«

»Vom Roden und so weiter habt ihr ja erzählt.«

»Ja, ich war also eigentlich schon noch arbeitsfähig, nur eben nicht dort oder auf die Weise.«

Ich sah aus den Augenwinkeln, dass er den Kopf zu mir drehte, aber wie hätte ich darauf reagieren sollen? Ich schnitt verholzte Stellen von den Zehen. Die Schüssel vor mir quoll bereits über. »Der Ortswechsel hat gereicht?« Ich stand auf.

»Es war ja mehr als das, eher ein ganzer Zusammenhang, den wir verlassen haben.«

Einen Moment lang konzentrierte ich mich auf den Mixer: den Mahl-Grad einstellen, Knoblauch einfüllen, Maschine einstecken.

»Es muss doch nicht immer darum gehen, ob man noch arbeiten kann, oder?«

Gregor hob die Schultern. »Klar. Wir sind ja auch nicht deshalb umgezogen. Das stand schon vorher fest. Ich bin da nicht so geschult, wollte auch nie wissen, was ich eigentlich hatte. Zu einem Psychiater geh ich nicht. Es ging dann ja auch ohne wieder.«

Ich erschrak über die Lautstärke des Reißens, das aus dem Gerät drang, sobald die weißen Zehen auf das rotierende Messer trafen.

»Ich glaube aber, so ein Kontextwechsel ist für viele Situationen gut.« Er sah mich erneut an. »Würde das gerade wieder gern machen, ich bin also ein bisschen neidisch auf dich.« Er lächelte.

Ich fand einen guten Rhythmus, immer gerade genug Zehen in den Schacht zu drücken, dass das Mahlwerk nicht hohldrehte. »Das Atelier, in dem ich angestellt bin, sucht gerade eine Aushilfe. Kleiner Tausch?«

»Hier riecht's ja unsäglich.« Ella kam mit einem schweren Karton durch die Tür. »Ich lass mal auf, ja?« Dann verschwand sie wieder im Flur. Gregors und mein Blick trafen sich, beide sahen wir schuldbewusst drein, ich lachte und gab ihm die Schüssel mit dem Knoblauch. Gregor kippte alles in den Topf, gab mit einer Küchenschaufel ganze Berge von rotem Gewürz dazu und legte den schweren Deckel auf.

Ella kam mit großen Plastikpacken zurück, in denen hunderte Gläschen eingeschweißt waren. Während wir uns daranmachten, die Gläser für später, wenn wir das Chutney einfüllen würden, vorsichtig auf Tabletts zu stellen, überlegten die beiden sich windgeschützte Arbeiten. Ich stellte einen weißen Behälter, in dem die Schraubdeckel klapperten, in Reichweite und wusch mir noch einmal die Hände. Die Wohnküche war ein bescheidener Glaspalast.

»Sieht gut aus, oder? Jetzt köchelt es, wir müssen nur noch warten, und heute Abend füllen wir ab.« Gregor atmete geräuschvoll aus. »Ich glaube, die Vorbereitung ist mein liebster Teil.«

—

Mit Ella zu arbeiten war anders: Wenn ich sie nichts fragte, sprach sie kaum. Der Wind hatte zwar etwas nachgelassen, aber wir würden nicht mehr aufs Feld gehen. Die beiden wollten die alte Bergerie neben dem Haus ausbauen, um später, im Alter, aufs Vermieten wechseln zu können. In den nächsten Wochen sollten das Gerümpel von Ersatzteilen, altes Werkzeug und Säcke voller Kinderkleidung hinausgeschafft werden, genauso die Reste des oberen Stockwerks. *Löchrige Holzbohlen und leere Katzennester, und dann alles von vorn*, hatte Ella gesagt.

Immer wieder verschwand sie im Dunkeln – in der Scheune gab es kein Licht –, um mir wenig später morsche Planken anzureichen. Wir trugen Stück für Stück hinaus, was einmal der Dachstuhl der Scheune gewesen war, bevor Gregor und einige Arbeiter aus der Gegend sie im letzten Sommer neu gedeckt hatten.

Ella war dünn, die Arbeitshose beulte sich um ihre Knie. Ihr ganzer Körper schien auf das schmale Gesicht zwischen den buschigen Haaren zuzulaufen. Etwas an ihr irritierte mich, vielleicht, weil ich sie im ersten Moment für vogelhaft gehalten hatte, zart, wie einmal vor langer Zeit durchgebrochen. Andererseits rauchte sie wie ein Schlot, und ihre Züge waren nicht weich, ihr Blick nicht in erster Linie warm, sondern widerständig. Sobald ich sie das Haus verlassen sah, drehten die Finger an einer Kippe. Ihre Hände trugen von der Feldarbeit Rillen, die wahrscheinlich nie wieder weggehen würden.

Ich spürte die Arbeit langsam in den Oberarmen. Die Holzplanken hatten sich über den Winter mit Feuchtigkeit und Schwere vollgesaugt. Die, die bereits faulten, sortierte ich aus.

Ella kam mit rostigen Metallstangen aus der Scheune.

»Ich kann mir das einfach nicht merken, was machst du nochmal? Ich bin bei den Studiengängen nicht mehr so fit.«

»Ich arbeite seit etwas mehr als einem Jahr in einem Atelier für Restaurierung.«

»Klingt nach Museum.«

»Ja. Es gibt auch Ateliers für Denkmalpflege, die an Häusern arbeiten und zum Beispiel Stuck reparieren oder Kirchen, die mit Wasser vollgelaufen sind. Wir machen aber hauptsächlich Gemälde, Skulpturen, Ausstellungsstücke. Ehrlich gesagt sind das meist Sachen, die in den Sammlungen vergessen wurden und da vor sich hin abblättern oder ausbleichen.«

»Auweia.« Ella klopfte sich etwas Rost von der Hose. »Nichts gegen dich, aber ich verstehe den Beruf nicht ganz.« Sie hob die Schultern. »Ist doch einfach natürliche Auslese. Alles bleicht irgendwann aus und nutzt sich ab. Das Material gibt nach, um anderem Material Platz zu machen. Damit nicht alles verstopft. Ist es nicht *falsch*, das zu verhindern?«

»Was meinst du?«

»Irgendwann ersticken wir doch unter Nierentischen und Gemälden, wenn zu allem Alten immer noch Neues dazukommt und nichts verschwindet.«

»Wir retten ja nicht alles, das geht gar nicht. Museum hat immer mit Auswahl zu tun.«

Ich musste an eine Party bei Merle denken. Jemand hatte mir gegenübergesessen, leere Zigarettenschachteln aufeinandergelegt und ein Wort wiederholt – *Artefaktstapel* – wie einen Vorwurf.

»Abgesehen davon, entschuldige«, ich musste lachen, »aber verwechselst du hier nicht was?«

Auch Ellas Blick fiel auf das, was wir aus der Bergerie getragen und davor arrangiert hatten, die Schaumstoffmatte, gelb über mehreren Plastiktüten voller Kleidung, vor Holzstapeln im feuchten Laub. Sie machte den Mund schmal.

»Jedenfalls: Für Kunstwerke muss man eigentlich studieren, Dana, meine Chefin, will mich auch immer noch zum Studium überreden. Ich bin nur mit Ausbildung reingekommen, hatte Glück.«

»Gut! Ich empfehle allen, eine Ausbildung zu machen.« Ella nahm das eine Ende des zu langen Holzbalkens, den ich zu tragen versuchte. Ich unterstellte ihr sicher nur, dass sie plötzlich schneller ging.

»Die meisten, die herkommen, sind zwischen Schule und Studium oder im zehnten Semester und haben eine Krise. Super, wenn du schon arbeitest.« Wir legten den Balken ab und gaben ihm einen Stoß auf den Haufen unterhalb des Wegs.

»Rauchst du?«

Ich nickte. »Manchmal.«

Ella und ich lehnten nebeneinander am C15 unter der Zeder und warteten auf Gregor. Während wir ins Tal rauchten, dachte ich an Merle. Ich hatte bisher vergeblich versucht, sie zu erreichen, damit sie mir von ihrem Alltag erzählte. Als sei es Wochen her, dass ich die Handschuhe übergestreift, Lack gerührt, das Gift gerochen hatte, um mit Merle die Legierung vorzubereiten. Käme ich jetzt die Stufen in die Werkstatt hinunter, um die Arbeit an einem der Armreifen wieder aufzunehmen, die zum letzten Auftrag gehörten, hätte sich dort fast nichts verändert. Ich müsste ganz genau nach Merles Arbeit suchen, die ich verpasst hatte. Aber mir die Millimeter

Vergoldung über einer abgeplatzten Stelle nur vorzustellen, darin lag schon eine Beruhigung.

Ella bückte sich plötzlich und hob eine Katze auf. Ich konnte das Schnurren hören und bemühte mich, von ihr weg zu rauchen.

»Du kannst eigentlich auch frei machen, wenn du willst. Gregor und ich fangen schon mal mit dem Unterstand an, bis es dunkel wird. Die Zwiebeln pflanzen wir dann morgen.«

»Was für ein Unterstand?«

»Für die Schafe, oben im Wald. Die Bäume bieten ja noch keinen Schutz, und es wird hoffentlich viel regnen die nächsten Wochen.«

Schafen ein Haus bauen, ich verkniff mir ein Lächeln.

»Ehrlich gesagt ist der Unterstand nicht die dringendste Aufgabe, die werden auch gar nicht mehr lang oben sein. Aber es wäre schade um das Holz, Gregor, also wir schmeißen nicht viel weg. Hast du ja gesehen.« Sie grinste. »Und die Mädel freuen sich.«

Ich nickte und drückte die Zigarette aus. Eine Weile hielt ich der Katze die Finger hin, sie schnupperte und ließ mich dann die Hand hinter ihre Ohren schieben, legte den Kopf sogar schief, gewissermaßen hinein, ich hatte den ganzen Katzenkopf in der Hand wie etwas, über das ich entscheide.

»Du, ich glaube, ich bleibe wirklich hier.«

»Klar.« Ella gab mir das Tier in die Arme, das sich nur wand, um die Pfoten bequem an meiner Schulter abzulegen.

»Wenn ihr Essen machen könntet, das wäre toll.« Sie ging um den Wagen herum und rief nach Gregor.

Jade saß mit angezogenen Beinen und einer Decke über den Schultern vor dem Computer. Die Serie, die sie auf Deutsch schaute, kannte ich sogar, vielleicht gab es nur alte Produktionen kostenlos.

Ich holte meine Regenjacke aus ihrem Zimmer, es regnete wieder stärker, und zog die Haustür vorsichtig zu.

Meine Schritte auf dem Schotter der Auffahrt wurden immer schneller, ich versuchte, die Füße trotz der dicken Arbeitsschuhe abzurollen, Kraft in alle Fasern zu geben, die Schultern zurückzunehmen, als könnte ich mich in alle Richtungen auffalten. Wo die Einfahrt scharf auf die Straße bog, begann ich zu joggen. Ella hatte mir den Weg zum Wasser erklärt. Die Luft war kalt und feucht. Ich wollte auf keinen Fall erst im Dunkeln zurückkommen, aber unbedingt einmal den Fluss sehen, weil es dort am ruhigsten sein musste, weil dort sicher nichts mehr zu hören war, dort nur die kleine Insel lag, die ich vom Küchenfenster aus entdeckt hatte, die Bäume und Steine ganz unten: die Armbeuge des Tals.

Ich lief an der Weide vorbei, von der wir die Schafe geholt hatten, leer und trüb lag sie unterhalb der Straße, der Sprühregen verwischte alle Ränder. Vom Talausgang her rauschten die Autos auf der Landstraße, über die Ella mich gestern Abend gebracht hatte. Hier oben blieb das Klatschen meiner Schritte auf dem nassen Asphalt das einzige Geräusch. Hinter der Kurve, die ich nicht einsehen konnte, ging es ins Dorf. In der Kurve, das sah ich schon Schritte vorher, mir versprang der Atem, ich musste die Schritte bremsen, wurde die Straße einspurig, schmal, zwischen Felswand und Hang, viel zu schmal.

—

Jade lag mit einem Comic auf dem Sofa, als ich wieder zur Tür hereinkam. Beinahe wäre ich direkt die Treppe hoch in ihr Zimmer gelaufen, aber in der Wohnküche war es ofenwarm und das Bild des in eine Decke eingewickelten Kindes zwischen den Kissen hatte mich angezogen. Sie blickte auf und sah überrascht aus.

»Was machst du da?«

Ich schüttelte den Kopf und versuchte eine beruhigende Handbewegung, setzte mich schnell auf die Küchenbank. Sie legte das Buch beiseite.

»Ähm, du atmest ziemlich komisch.«

Ich stemmte die Hände auf die Oberschenkel, draußen war es einfacher, nach dem Schlimmsten die normale Lungenbewegung wiederzufinden, man konnte sich auf die Wölkchen in der kalten Luft konzentrieren. Ich folgte der Maserung des Küchenschranks mit meinem Blick, den Schleifen im Holz, der Verschlingung einer besonders dunklen Linie. Mehr konnte ich nicht wahrnehmen, völlige Verengung. Wasser schwankte an den Rand eines Glases, ins Blickfeld gehalten, ich sah auf.

»Hier«, sagte Jade, und ihre Stimme war leise und höher als sonst, »das krieg ich immer als Erstes, wenn ich hinfalle.«

Ich nahm das Glas. »Danke. Tut mir leid. Ich wollte dich nicht erschrecken. Geht wieder.«

Jade war zum Sofa zurückgegangen, ab und zu drehte sie den Kopf zu mir. Sie nahm ihr Buch wieder hoch, und bald konnte ich alle Umrisse auf dem Cover erkennen und ihren Zusammenhang mit dem Titel nachvollziehen.

»Ich kann dir wann anders erklären, was das gerade war.« Langsam stand ich auf. Jetzt etwas zu tun haben.

»Soll ich gleich mit dem Kochen anfangen? Es gibt einfach Nudeln, hat Ella gesagt.«

»Oh ja. Ich hab schon voll Hunger.«

Jade streckte die Arme lang und genüsslich nach oben und gähnte. Sie sah aus wie eine kleine Katze.

2

Beinahe zwei Wochen blieb Jade auf Abstand. Nach der Schule, aus der sie selten vor fünf Uhr zurückkam, setzte sie sich mit Kopfhörern vor den Computer, wann immer das Internet stabil funktionierte. Oder sie zog sich, wenn das Wetter gut war, die immer gleiche braune Sweatshirtjacke an und verschwand auf dem Gelände.

Ich verbrachte die feuchten Vormittage allein mit der Herde auf dem Berg. Manchmal kam einer der Hunde mit, manchmal hoben sie nur müde die Köpfe, wenn ich morgens über sie stieg, um die Tür zu öffnen. Von ihrer Futterstelle wenig oberhalb der Landstraße holte ich die Schafe ab und ging in langsamen Schritten durch den Wald. An schlechten Tagen schüttelte ich die Körner im Eimer, meist folgten die Tiere mir aber ohne Schütteln. Und ich ging weit mit ihnen, schließlich bis auf den Hügelkamm, wo ich auf einen Wanderweg stieß. Ich fand den Weg, als ich zum ersten Mal nicht alle paar Meter über die Schulter sah wegen einer heimlichen Unruhe: dass die Schafe wegliefen, mir stürben oder dass jemand von hinten auftauchte, sich unter sie mischte und mich überwältigte.

Bisher hatte ich ausschließlich in die Richtung geblickt, die von der Hangseite, an der das Haus klebte, vorgegeben war. Ich hatte die Unruhe zurückdrängen können, aber die Vormittage hatten sich gedehnt. Jede Stunde bis an den Rand.

Oben aber war endlich eine andere Blickrichtung möglich, die eine Reihe neuer Täler offenbarte, und immerzu Wind. Ich betrachtete die wenigen Häuser, die weit vor mir irgendwann an die Hänge gewachsen waren, verglich die Grundstücke, entdeckte neue Ruinen und einen Mann, der auf einem hellen Kiesweg nur einige hundert Meter unter mir einen Esel an der Leine führte. Ich rührte mich nicht und stellte mir vor, wie der Mann den Kopf wenden würde, vom Geräusch der Glocken angezogen, die die Muttertiere um den Hals trugen, und wie er mich nicht entdecken konnte, weil ich vom Hüten inzwischen die Farben der Ginsterbüsche angenommen hatte.

Ich setzte mich auf einen Stein und aß einen Apfel. Dabei versuchte ich, die Kaufrequenz eines Muttertieres, das Jade Gazelle nannte, nachzuahmen. Ich war mir plötzlich sicher, dass auf der Welt niemand je so langsam einen Apfel gegessen hatte, und es machte mich stolz, dass ich Gazelle erkannte.

Einmal schloss ich die Augen für mehrere Minuten, ohne an Merle zu denken. Trotz des Windes fror ich mit jedem Tag weniger. Beim Mittagessen wurden wir uns nicht einig, ob das längst Frühling war oder Zufall. Es wurde entschieden, dass die Wiese genug gewachsen wäre. Die Schafe würden endgültig vom Berg nach unten geführt werden, die Hütezeit war beendet.

—

An einem freien Nachmittag zog mich Jade plötzlich an der Hand nach draußen und über den Hang vor dem Haus hinunter zur Weide. Ich stolperte, und sie ließ meine Hand los. Ihre Haare flogen mit jedem Sprung, den sie machte, während ich mich bemühte, nicht noch einmal umzuknicken. Ich hatte das noch nicht ganz gelernt: auf dem unebenen Boden zu gehen, hangabwärts, auf den steinigen Äckern, den Waldhang hoch. Ich wäre gern schneller hinter Jade hergerannt. Sie gab mir einen Namen aus einem Kinder-Comic.

»Du hast schon einen passenden Namen, du brauchst keinen neuen«, sagte ich, als wir über die Straße zur Weide kamen, und wir lächelten uns direkt an, ohne dass sie meinem Blick auswich. In den Zaunmaschen hingen lange Fetzen Wolle wie Zwergenbärte. Wir kletterten über die Bärte und schreckten einige jüngere Schafe auf. Umstellt von hohen Grüneichen lag auf der Weidefläche eine Ruine, die einmal ein Steinhaus gewesen sein musste, außer einigen halben Außenwänden war nichts mehr davon übrig. Die Schafe drängten bei Regen hinein, als würden die Überreste der Mauern reichen, um sie trocken zu halten. »Papa sagt, dass unser Haus später auch so aussehen wird.« Jade sagte das unbekümmert, aber ich musste stehen bleiben und versuchen, die Überreste wie ein Bild aus der Zukunft anzuschauen. In der Mitte wuchs eine Kastanie, ihr dickster Ast ragte fast horizontal durch das halb verfallene Fenster einer Außenmauer.

»Schau, hier drunter«, Jade zeigte auf den Ast und kroch durch ein Loch in der Mauer, »da könnten wir eine Hütte bauen. Wir könnten Ausreißer sein.« Ich spürte die Euphorie selbst, die in ihrer Stimme lag, das Spiel hatte mich schon. Von weiter unten hörte ich die Schafe, sie schienen sich, von uns vertrieben, dort zu sammeln.

»Wir brauchen sehr dicke und lange Äste, die wir dagegenlehnen, schau, so.«

Ich wusste auf einmal, wie man ein Haus baut. Man nahm zwei Stöcke und legte den einen von links, den anderen von rechts gegen den starken Ast, sodass sie eine Art Zeltdach bildeten. Jade verschwand im Gestrüpp hinter der Ruine und tauchte immer wieder summend mit neuem Holz auf. Wenn sie summte, schien sie zu vibrieren, aber nicht von einer Melodie, die ich hätte erkennen können. Ich konzentrierte mich auf den Gerüstbau. Mit Heuschnüren, die wir vom Zufüttern in den Taschen aller Kleidungsstücke hatten, band ich die Hölzer aneinander. Die Schnüre mussten bei jeder Fütterung vom neuen Ballen geschnitten und gründlich herausgezogen werden. Fasern aus Kunststoff, die darin übrig blieben, konnten den Schafen gefährlich werden, sie starben am Plastik. Wir würden mehr davon brauchen.

»Es wäre schöner, wenn die aus einem anderen Material wären«, sagte ich und trat einen Schritt zurück. Jade gab mir eine Schnur aus ihrer Jacke.

»Und nicht pink.«

Ich ließ mich von ihr dirigieren, stellte Äste nach ihren Anweisungen auf, auch wenn ich wusste, dass etwas auf diese Weise nicht halten würde. Meine Hände wurden erdig von den feuchten Hölzern, die Jade mir brachte. Ihr hing das Haar voller Blätter und Schnipsel von ersten Schlehenblüten.

»Komm mal her.« Sie spielte mit einem Stock, während ich die größeren Stücke von ihrem Kopf sammelte, für einen kurzen Moment, wie zur Probe, lehnte sie sich an mich.

»Ich war in einem Busch, ich glaube, da ist ein Fuchsbau. Und Füchse haben jetzt Junge, das müssen wir mal beobachten! Der Fuchs ist unser Glückstier, nur dass du es weißt.«

Wir legten uns vor dem Busch auf den Bauch. Ich versuchte, ihr Gesicht von der Seite zu sehen.

»Findest du es eigentlich blöd, dass du keine Geschwister hast? Ich kann mir schwer vorstellen, wie es früher ohne meinen Bruder gewesen wäre, der war immer da, schon vor mir.«

In Jades Gesicht regte sich nichts.

»Nein. Ich hab zwei kleine Cousins, und die sind schrecklich! Außerdem krieg ich dann alles, auch später das Haus. Hab ich bei Papa gesehen, mit Geschwistern gibt es nur Streit bei solchen Sachen.«

Ich machte ein undeutliches Geräusch, statt darauf zu antworten. Ihre Sätze klangen wie abgepaust von erwachsenen Mündern.

»Im Dorf wohnen nicht so viele Kinder, oder?« In dem Busch regte sich nichts, da war die völlige Abwesenheit irgendwelcher Tiere.

Sie schüttelte langsam den Kopf. »Gar keine. Die Kinder in meiner Klasse kommen aus allen vier Tälern in der Umgebung.«

»Wie viele seid ihr?«

»Zwölf.«

Ich wartete kurz.

»Und magst du die anderen?«

Im Gestrüpp hinter uns raschelte es, Jade drehte sich blitzartig um. Eine Krähe flog auf, das peitschende Geräusch, mit dem sie ihre Flügel aneinanderschlug, klang unangenehm in meinen Ohren.

»Nein«, stieß Jade hervor, »meine Freundin ist letztes Jahr weggezogen. Eine find ich ganz nett, aber der Rest ist scheiße.« Sie drückte sich hoch. »Komm, wir gehen wieder zurück.«

In der Ruine überlegte ich immer noch, ob ich ihr vorschlagen sollte, eine Pause zu machen und die Schafe unten auf der Weide zu beobachten. Stattdessen begann ich, die Stöcke auch oben festzubinden, damit sie in ihrer Position bleiben und wir an einem anderen Tag an etwas würden anknüpfen können.

»Sag mal. Werden eure Schafe eigentlich geschoren im Sommer?« Sie nickte, und ich konnte sehen, wie ihr Gesicht sich wieder entspannte.

»Dann können wir die Wolle nehmen, um damit die Wände richtig dicht zu machen, und Farn und kleine Äste, und vorne hin hängen wir ein Schild mit einem Fuchs, den male ich später, aus Lehm-Erde mit Wasser. Dann wird das am Ende ein richtiges Haus!« Ihre Stimme rutschte noch höher, wenn sie begeistert war.

—

Am Samstag schreckte ich hoch, weil Gregor an der Kinderzimmertür klopfte. Ich musste den Wecker in der Nacht ausgeschaltet haben. Nachdem mein Schlaf in den ersten zwei Wochen ruhig war wie der Blick vom Hügelkamm, hatte ich jetzt einige Nächte schlecht geträumt, Bilder, die nichts mit meinem neuen Alltag zu tun hatten: Es war kein Wald, kein Wollrücken, kein Hang, kein Platz darin. Mehrmals wurde ich wach, weil ich Mejet rufen hörte, Mejet und Aseel, mit denen ich längst wieder telefonieren wollte.

»Unten ist Kaffee für dich fertig. Ella und ich gehen schon mal vor, komm einfach nach, wenn du so weit bist.« Gregors Stimme durch die Tür klang sanft.

»Alles klar, zehn Minuten!« Ich hatte das Handy schon in der Hand und ließ mich über die Leiter vom Hochbett auf den Boden hinunter.

In Jades Bett fühlte ich mich wie in einer Schachtel oder dem Modell eines richtigen Zimmers. Jade selbst schlief mit im Bett ihrer Eltern, das hatte Ella mir verraten, und dass das natürlich nur vorübergehend in Ordnung ginge, eine Phase. Ich hatte mir das Zimmer ausführlich angesehen, den Schrank geöffnet und einige Kästchen, in denen sich Kettenanhänger und geflochtene Armbänder verhakten. Eigentlich sah in diesem Raum, von den Stapeln ihrer Kleider abgesehen, nichts so aus, als würde Jade es benutzen. Ihre Schulsachen lagen unten in der Wohnküche und auch die Comics, die wir abends inzwischen immer häufiger gemeinsam lasen. Der Computer stand dort. Vielleicht kam mir ihr

Zimmer deshalb wie ein Modell vor: weil sie es eigentlich nicht bewohnte.

An die kalte Wand beim Fenster gelehnt, musste ich die schmale Empfangsschneise auf Anhieb erwischt haben, Merle nahm beinahe sofort ab. Unten sah ich Gregor über den Schotter gehen, im Haus schlug eine Tür zu.

»Alles klar bei dir?«

»Können wir kurz sprechen? Wirklich nur fünf Minuten, ich muss eigentlich los, aber …«

»Wo bist du denn, dass du vom Handy anrufst?«

»Im Zimmer. Kannst du mir vielleicht was erzählen?«

»Hast du schlecht geschlafen?«

Zur Antwort ächzte ich nur, während ich mir die Hose zuknöpfte. Bei Merle hörte ich ein feines metallisches Klirren.

»Bist du im Atelier?«

»Ja, es ist gerade Endspurt. Ich kann ehrlich gesagt nur mit Alltag dienen.«

»Das ist das Beste.«

»In meiner WG gibt es jetzt eine Kaffeemaschine, die habe ich heute Morgen ausprobiert. Ich habe mich mit meinem Bruder gestritten. Ansonsten … Die anderen fragen immer wieder nach dir, vor allem Dana, ich habe ihr gesagt, dass dir die Arbeit draußen guttut, mal nicht so ein Gefriemel.«

»Oje, was musst du machen?«

»Bis Montag muss der Armreif fertig werden, mit dem du angefangen hast, weißt du, mit den roten Einsätzen. Einen Stein musste ich mehrmals machen, da ist beim Biegen ein Zinken abgebrochen, hat mich Stunden gekostet.«

»Kann ich mir vorstellen.«

Über das Fensterbrett lief eine Ameise, ich zog für sie Spuren in den Staub, denen sie nicht folgte. Manchmal spazierte beim Aufwachen eine von ihnen über die Bettdecke wie über einen Bergrücken, dann war meine erste Aussicht des Tages ein Insekt. Es gefiel mir, wie wenig mich das störte.

Merle klirrte noch einmal: »Genau. Übrigens wird es immerhin wärmer hier. Bei euch auch? Du fehlst mir, lass uns was für den Sommer planen.«

Es klopfte wieder.

»Du, ich muss jetzt. Merle: danke.«

Jade hielt beim Gehen meine Hand und war gut gelaunt.

»Bald kommen alle Lämmer, bis jetzt hat nur Nelly eins, aber die Böcke müssen raus, also die männlichen Lämmer vom letzten Jahr. Und die Einjährigen kriegen neue Ohrmarken, wir schreiben das immer in diesem Buch auf, schau!« Sie holte ein verknicktes Schulheft aus dem Stoffbeutel, den sie trug.

»Wieso kommen die Böcke raus?«

Auf dem Weg zur Ruine erklärte sie mir alles. Es ging etwas durcheinander, Jade holte kaum Luft zwischen den Sätzen, zog dann plötzlich theatralisch den ausgestreckten Zeigefinger quer über ihre Kehle, lachte. Es war ein heller Tag, die Sonne stand hoch hinter dünnen Wolkenfäden, aber auch mit Merle im Rücken hing die Nacht mir nach bis auf die Straße.

Ella und Gregor hatten bereits aus Metallgattern einen Pferch gebaut, den ein bewegliches Gatter in der Mitte in zwei Hälften teilte. Die Kastanienbäume trieben aus, aus allen Spitzen quoll Grün. Ella nickte mir zu und winkte meine Entschuldigung mit einer Handbewegung beiseite. Ich sollte mich so hinstellen, dass kein Schaf in den schmalen Durchgang zwischen Ruine und Pferch schlüpfen könnte, und das Gatter hinter uns allen schließen. Während Gregor und Ella die Tiere holten, beugte ich mich zu einer Lücke in der Mauer, durch die ich im Inneren der Ruine Jades und meine Hütte sehen konnte. Ein Stück über unserer Konstruktion würde die Kastanie bald große Blätter auffächern und ein zweites Dach bilden. Noch hatte sich nichts gelöst, die Äste standen einander gegenüber, wie sie sollten. Aber von einigen kleineren Zweigen baumelten jetzt rote Fäden im Luftzug, Federn und helle Klumpen Wolle und etwas, das die Schalen von Bucheckern sein konnten. Die Vorstellung rührte mich: Jade, die allein hier unten saß, summte und knotete.

Die Glocken kündigten an, dass ich aufpassen musste. Ich breitete die Arme aus, und schon nach wenigen Sekunden waren die Tiere mit Gregor und Ella in der hinteren Hälfte des Pferchs. Ella winkte mich zu ihnen, als ich den äußeren Pferch endlich zugebunden hatte. Ihr Oberkörper ragte über den Tierkörpern auf wie aus einem See.

»Immer wenn wir Bescheid sagen, lässt du ein einzelnes Tier durch zu dir.«

Ich nickte.

Sie mussten durch die Herde waten. Die Tiere hatten keinen Platz, auszuweichen, sprangen einander in blanker Panik auf die Rücken, drückten sich, soweit sie konnten, im Kreis und gegen die dünnen Metallstäbe der Gatter. Manche von ihnen blieben ganz still, viele aber schrien, es entstand ein Lärm. Ella packte schneller zu als Gregor, sie griff ein schmächtiges Tier nah am Hüftgelenk und am Genick, es strampelte, um sie entstand eine Lücke, sie zerrte und raffte es, sie zogen eine Schleifspur über den trockenen Boden.

»Jetzt«, rief sie, ich öffnete das Gatter einen Spalt, das Tier wand sich und riss, bis Ella losließ. Erst hinter mir wurde es langsamer, da war viel Luft um es.

Wenn sie nicht sicher waren, ob eines der Tiere auf meine Seite des Pferchs kommen sollte, riefen sie Jade die Nummer auf der Ohrmarke zu, und Jade suchte im Heft.

»Junge, raus, weg damit!«, rief sie dann zurück, alles über das wilde Blöken der Herde hinweg.

Nach einer Weile wischte sich Ella den Schweiß von der Stirn.

»Willst du auch mal?«

Hinter mir kauten bereits zwei Dutzend Tiere auf Heu, das Jade über das niedrigste Gatter gehoben hatte. Ella nahm meinen Platz ein, und mir schoss die Aufregung in die Adern. Wir hatten das bewegliche Gatter nachgeschoben, deshalb war es noch immer eng. Je enger der Pferch, desto leichter das Fangen. Von überall her stießen mir Muttertiere an die Knie. Sie dampften. Ich wusste nicht, wo zupacken, wen, und schob mich einige Sekunden ziellos durch die Herde.

»Pass auf Noa, da! Ilyara geht's richtig schlecht. Was macht ihr denn?« Jades Stimme schrillte bei den letzten Worten, und ich konnte das Lamm sehen, dessen Kopf so gegen die Stäbe gedrückt wurde, dass es röchelte.

Ich griff dem Tier, das mir am nächsten stand, in die Wolle, schlug meine Finger in den Filz und zog. Es ging leicht, vielleicht erwischte ich die richtigen Tiere oder meine Arme hatten mehr Kraft als gedacht. Alle konnten wieder frei atmen, ich kam in einen guten Rhythmus. Erst das fünfte Lamm wehrte sich heftig, und es wog mehr, mir brach der Schweiß aus, meine Finger rutschten immer weiter an dem kämpfenden Tier ab, ich musste umgreifen und wurde in die falsche Richtung gezogen, wendete plötzlich Gewalt an, da hatte ich es endlich so gepackt, dass es meiner Bewegung folgen musste und den Kopf still hielt.

»Jetzt.« Ella ließ den Bock durch.

Jade klatschte von draußen. »Das waren alle!«

Ich richtete mich auf, mein Atem ging schnell. Meine Hände waren dunkel vom Dreck aus der Wolle, von meiner Jacke versuchte ich den Staub zu klopfen. Der Stress der Herde schien vergessen, abgeebbt, die beiden Grüppchen standen in ihren Hälften des Pferchs, senkten die Köpfe zum Boden, kauten.

Gregor hatte in der Zwischenzeit einen kleinen Korb mit neuen Ohrmarken geholt.

»Eigentlich könntest du schon hochgehen, Noa, und am Feldsalat weitermachen. Die Marken auswechseln, das schaffe ich gut allein, Jade bleibt hier und hilft mir. Danke.«

Erst als ich allein die Geräte holte, spürte ich das Fangen in den Muskeln. Ich konnte nicht sagen, ob es die vergangene Nacht, ob es überhaupt mein eigener Stress oder vielmehr der der Schafe war – reflexartig griff ich nach dem Handy in meiner Jackentasche. Die Hunde folgten mir, als ich, die Einradhacke und einige Packungen Saatgut in den Händen, auf den Acker kam. Maya, die Hündin, legte sich schwer atmend direkt neben das Feld, WolfZwei hielt wie immer etwas mehr Abstand. Ich hockte mich auf die kühle Erde und pflückte die wenigen Blätter Salat, die wir noch verwenden konnten, von den geschossenen Pflanzen, bevor ich sie aus dem Boden zog. Weil ich eine Schale vergessen hatte, steckte ich die dunkelgrünen Blätter in meine Jackentasche. Ich zog das Handy heraus und wählte noch einmal Merles Nummer. Es war noch lange Zeit bis zum Mittagessen. Während ich mit ans Ohr gedrücktem Display auf den Signalton wartete, fiel mir auf, dass Vögel zu hören waren, zum ersten Mal, von den Obstbäumen her. Maya streckte sich ganz aus, aus ihrem Fell stieg Wärme auf. Ich legte das Handy neben ihr auf den Boden und nahm die Hacke.

Drei breite metallene Spitzen, die vom Rad durch den Boden gezogen wurden, sollten die Erde lockern und die oberste Schicht lösen. Das Gerät ließ sich furchtbar schwer bewegen, der Boden musste von der Pflanzung, aber auch von Unkraut und Gras durchwurzelt sein. Bevor etwas Neues hineinkonnte, musste dieses Geflecht zerschnitten und ausgehoben werden, ein gewaltvoller, aber nötiger Vorgang, mir zitterten die Arme. Ich brach wieder ab, um Merles Nummer noch einmal zu wählen. Ich spürte da etwas steigen. Kein Rufaufbau, im Hörer kein einziges Geräusch. Ich hatte keinen Empfang. Es war das Bild des Schafs, das keine Luft bekam und röchelte, weil es gegen die Gatterstäbe gedrückt wurde, sein Kopf war so klein, dass er beinahe durch die Stäbe rutschte, der Rotz hing ihm in Fäden aus der Nase. Die Anstrengung schob mir dieses Bild immer wieder vor Augen, ich spürte, dass es mich in etwas hinüberwarf. Es hätte mich beruhigen können, dass die Hündin so nah bei mir lag, ich hätte mich auf die störrische Erde konzentrieren können, die die Hacke in kleinen festen Schollen aufwarf, aber ich konnte nicht, flimmerte wieder, alles verengte sich, bedrängte mich, zog sich um mich zusammen – wurde ich selbst zu diesem Schaf, den Kopf zwischen den Stäben? Der Schacht um mich, mein Blick glitt an den ersten Trieben, den Vögeln, dem Land ab, dem hinter der Obstbaumreihe gefalteten, geschichteten Hügelland, ich musste Merle erreichen, all der schweigende Kunststoff in meiner Hand. Das letzte Mal, als es heftig wurde, jetzt an dieses letzte Mal zu denken war genau das Falsche, auch das letzte Mal hatte ich Merle nicht erreichen können:

Obwohl ich ihr gesagt hatte, dass, obwohl sie wusste, dass es mir vor allem auf dem Heimweg, dass es mir da passieren konnte, hatte ich sie nicht erreicht. Irgendwie war ich aus dem Schacht gekommen, zwischen Menschen nach oben, frischere Luft, irgendwie zwischen den Menschen durch. Die U-Bahn konnte ich, das Rattern von unter dem Platz, das U-Bahn-Rattern konnte ich durchs Gitter im Boden noch, nah an der Steinbank noch, konnte es hören. Wintergras neben mir, vielleicht ein Gebüsch. Unter mir bebte die Bank, das war die Neun, vielleicht bebte die Bank von der Neun. Mit der Neun wäre ich heimgekommen. Zuhause schwere weiße Tücher und Dunkelheit, mein Teppich, zuhause.

Wie ich es aus dem Schacht geschafft hatte, davon hatte ich kein Bild mehr. Aber von der Bank war kein Hochkommen, ich kam nicht, kam nicht hoch von dieser kalten Bank. Ich konnte nicht ein, es war die Luft, die mich festdrückte, nicht ein Stück, nicht voran. Meine Schenkel am kalten Stein, nichts zu heben, der rechte Fuß nicht, links nicht, gar nichts. Und Merle nahm nicht ab. Den grünen Rufaufbau, das Handy legte ich, grünes Leuchten von unten, in den Schoß.

Aseel und Mejet würden warten müssen, ich sah sie in meiner Küche stehen, vor der Haustür stehen, mich begrüßen, Mejet und Aseel, warten. Wie das gehen sollte, kochen, in Gesellschaft sein, undenkbar. Merle sollte rangehen, Merle sollte sagen: Alles ist normal. Dir geschieht nichts. Das war ein Gepäckstück, das war nichts als ein großes vernähtes Stück Stoff.

Ich musste nicken, einmal ausatmen. Da hat wer eine Tasche verloren, hat sie vergessen, nickte ich.

Eine Männerstimme, »Entschuldigen Sie«, nah an meinem Ohr, zu nah, aber ich konnte mich nicht bewegen, nicht zur Seite rücken, nicht aufstehen.

»Entschuldigen Sie, brauchen Sie Hilfe?« Ich schüttelte den Kopf, musste für »Danke« einmal einatmen. Ich wischte mir über die Augen, sah nicht hoch zur Stimme, die weiterging. Ich legte auf, das Atmen machte Wölkchen in der kalten Luft, ich sah nicht auf, nicht von den Wölkchen hoch, steckte das Handy ein.

Atmen half. Der Platz ordnete sich zu etwas Zusammenhängendem, leere Steinbänke mir gegenüber auf der anderen

Straßenseite, davor eine Menge Beton, dahinter parkende Autos, Filialenschilder. Alles ist normal. Mit der Bahn waren es nur zwanzig Minuten nach Hause, eigentlich, an anderen Tagen. Es durfte nur keine Tasche im Waggon liegen, die ich niemandem zuordnen konnte. Mir durfte nur keiner gegenübersitzen, dessen Jacke sich am Bauch zu stark wölbte. Der nicht stillhalten konnte und sich immer wieder nervös durch die Haare fuhr.

Vermeiden, Noa, fahr einfach eine Weile nicht Bahn, das ist okay. Merle hatte das, es ist okay, mit Nachdruck gesagt. Ich wollte gern einfach einen Vorschlag befolgen, Merle durfte Vorschläge machen, aber ich war nicht ihrer Meinung. Ein Verdacht, ein pauschaler, war nicht okay, nicht möglich, war Mich-an-jemandem-Vergehen.

Die Leuchtschriften einer Bäckerei und einer Drogerie strahlten rot und übertrieben zu mir herüber, es war fast dunkel. Von hier aus konnte ich auch laufen. Mejet war meist pünktlich, und wenn ich beide traf, war Aseel es deshalb auch. Ich zog das Handy wieder aus meiner Jackentasche.

Aufzustehen war anstrengend, so gegen die ganze Luft gestemmt. Ich ging langsam und konzentrierte mich darauf, die Nachricht an Aseel zu tippen. Die Menschendichte auf dem Gehsteig wurde größer, der Platz auf der einen Seite von Geschäftsfassaden, auf der anderen von einer Bushaltestelle begrenzt, alles zusammengerückt. Ich tippte lang und umständlich und wich den anderen Körpern aus, die ich am Rand meines Blickfelds zu halten versuchte. Der erste Entwurf hatte einen zu komplexen Satzbau. Der zweite enthielt *Antiquitätenladen.* Mejet und Aseel hatten mir versprochen, nicht jede Nachricht bei Google Translate einzugeben.

Ich schickte Aseel meinen Live-Standort und wusste, welches Foto sich auf ihrem Bildschirm bewegen würde. Meine Wangen glühten auf dem Bild von der stickigen Luft im Seminarraum, in dem wir uns angefreundet hatten. Anders als auf anderen Gruppenfotos ging ich aber nicht unter zwischen ihnen, weil die beiden selbst so klein waren.

Die Häuser rückten jetzt vom Gehweg ab, vor dem Bezirksamt gab es ein Stück Wiese, an niedrigen Vorgartenzäunen zusammengesunkene gelbe Säcke. Hier war es dunkler als dort, wo es etwas zu kaufen gab.

Im Sommer würden die Leute in dieser Straße Tomatenpflanzen auf die winzigen Balkone stellen und sich selbst zum Rauchen daneben. Um diese Uhrzeit schiene ihnen dabei noch Abendsonne auf die Zigaretten. Aus den großen Mülltonnen direkt am Gehweg würde es riechen.

Jetzt warfen die Tonnen im Laternenlicht dunkle Schneisen auf die Gehwegplatten. Wenn ich ein Vöglein, wenn doch nur Sommer wär. Ich konnte in diesem Licht die Gesichter nicht einschätzen, die an mir vorübergingen, die sich an mir vorbeischoben. Ich versuchte, mich an weitere Zeilen aus dem Vogellied zu erinnern, um die Unruhe weit hinten im Nacken zu halten. Weit hinter mir wie etwas, vor dem ich weglaufen konnte, solang ich es wie nebenbei tat.

Nach Anschlägen wurden immer irgendwann Fotos veröffentlicht, denen ich ein paar Tage nicht ausweichen konnte. Jedes E-Mail-Portal hatte diese Bilder auf der Startseite. Immer von Männern. Im Normschnitt des Push-Nachrichten-Fensters taten diese Bilder, als müsste ich die Männer wiedererkennen. Ich erkannte sie dann auch. Aber wen meinte ich da zu sehen – immer Augenringe und etwas sehr Junges und vielleicht Fallengelassenes in den Gesichtern. Einbildung.

»Alles klar? Alles okay?«, sagte Aseel zur Begrüßung. Sie hob das Handy: »Gut, dass du geschrieben hast. Ich dachte, etwas ist passiert.« Zwischen ihren Augenbrauen gab es eine tiefe Furche, die beinahe immer zu sehen war. Bei Mejet waren die kleinen Falten um die Augen herum viel stärker ausgeprägt.

»Tut mir wirklich leid. Wie geht es euch?« Ich grub meinen Mund in den Schal, um nicht selbst reden zu müssen. Mein Körper fühlte sich seltsam an, eine Taubheit, wie wenn man zu lang auf Asphalt gerannt war.

»Alles gut, alles gut«, sagte Mejet, und ich ließ ihn erzählen. Er hatte ein paar Tage frei, er hatte lang geschlafen. Mejet fand, dass mein Viertel *sehr gut* war, er zählte uns auf, warum. Aseel wartete ab, während ihr Bruder sprach, so ergab es sich oft. Als eine Pause entstand, legte sie nur den Kopf mit der Falte zwischen den Brauen zu einer und dann zur anderen Seite schief. »Wir haben Post vom Jobcenter.«

Sie trug die Sorgen für beide, Heimweh und schlechten Schlaf. Einmal hatte sie mir erzählt, dass sie ein paar Minuten vor Mejet geboren war. Ihr Vater hatte deshalb sie als große Schwester ausgewählt und zur Zuständigkeit erzogen. *Ich hatte viel Aufmerksamkeit von ihm, Mejet von unserer Mutter, auf der Straße hatte er mich an der Hand, sie Mejet. Wir haben zusammen schreiben von ihm gelernt, aber ich konnte es früher.*

Es war schön, dass wir zu dritt nebeneinander gingen, sie, Mejet und ich, und dabei die ganze Breite des Gehwegs einnahmen.

»Ich schau mir das später mal an, ja? Hast du den Brief dabei, Aseel?«

Weit vor uns war an einem verschwommenen roten Leuchtfleck endlich Lukas' und mein Rewe zu sehen, ein Fixpunkt, das Gefühl, als Kind aufzuwachen nach einer langen Autofahrt und im Vorbeifahren erste Häuser zu erkennen.

Im kleinen Laden gegenüber der Wohnung könnten wir bessere Pasten als im Supermarkt kaufen. Dünnes Fladenbrot, Creme aus zerstampftem Schafskäse und Rucola für Aseel und mich, ein Schälchen Tomatenpaste für Mejet, der keinen Knoblauch mochte.

»Ihr habt nichts mitgebracht, oder?« Ich beugte mich im Gehen vor, um an Aseel vorbei zu Mejet zu sehen, er schüttelte den Kopf, hob die Hände.

»Ich wollte ein kleines Essen mitbringen, aber mit Fleisch.« Er grinste. Ich nickte nur, den Mund wieder hinter dem Schal.

»Noa, bist du irgendwie wütend?«, fragte er. Beide, die Zwillingsgesichter so aufmerksam, sahen mich an. Mejet hatte einen anderen Haarschnitt als das letzte Mal.

»Ich glaube, es ist nur der Hunger. Wir müssen noch kurz in einen Laden.« Scheinwerfer querten die Kreuzung und bedeuteten Feierabendverkehr auf der Brücke, von hier aus wirkte der Strom ungebrochen und unlogisch. Er bewegte sich von rechts nach links und von links nach rechts gleichzeitig.

Mejet wollte wissen, ob *der Mitbewohner* zuhause war, ob ich gut geschlafen hatte, wie es auf Arbeit lief. Sie hatten Lukas an einem seiner albernen Tage kennengelernt, als wir in der Küche saßen und Mejets Vertrag für die Kochausbildung durchgingen. Sie liebten ihn beide und glaubten mir nicht, wenn ich immer wieder sagte, dass ich es nicht tat. Einmal war ich darüber mit Mejet fast in Streit geraten. Er hatte darauf bestanden, dass ich einen Freund brauchte, und ich traute mich nicht, Aseel um Verstärkung zu bitten, aus Angst vor Momenten des Unverständnisses zwischen uns.

»Wir haben einen großen Auftrag, das ist gut. Verzierte Armreifen, die mehrere hundert Jahre alt sind. Und richtig abgefahren: eine Kutsche, die ist kaiserlich, oder nein, königlich. Das weiß ich nicht genau, ich habe sie noch nicht gesehen. Die hat Lagerschäden an der linken Flanke.« Ich sah beim Gehen auf meine Füße. »Ich weiß nicht, wie das richtige Wort bei Kutschen ist, Flanke ist für Pferde. Normale Abnutzung, sagt meine Chefin, die Legierung muss aufgefrischt werden, kleine Ausbesserungen an einer Malerei, aber wir freuen uns natürlich, das wird Monate dauern.«

Erst jetzt fiel mir auf, dass Mejet und Aseel schwiegen, vielleicht hatten sie zwischendurch Blicke gewechselt, jetzt hielten sie die Köpfe gesenkt wie zwei, die im Kurs nichts gefragt werden wollten.

»Sorry.« Ich versuchte es mehrmals, stieß mich aber immer wieder an den Wörtern. Jede Erklärung setzte so viele andere Vokabeln voraus, mir gelang die Vereinfachung nicht: Die Kette der Voraussetzungen wurde zu lang, ich konnte sie nicht mehr einholen. Nicht einmal die Kutsche konnte ich ihnen begreiflich machen.

»Ein Auto?« Aseel hob die Brauen und lachte. Sie machte sich längst über mich lustig wie sonst über Mejet.

»Du bist müde«, sagte Mejet. »Wir kochen schnell, und du kannst essen, das wird besser. Ich erzähle dir, was ich machen wollte.« Ich nickte einfach, während er weitersprach, immer wieder driftete ich weg. Aseel fasste kurz meinen Arm und zog mich zur Seite. Vielleicht war etwas auf dem Boden, niemand benutzte hier diese dünnen schwarzen Kottüten, und wenn, dann wurden sie nicht richtig entsorgt. Ab und zu trat man auf ein volles, weiches Päckchen, das jemand hatte liegen lassen. Ich ging jetzt in der Mitte. Zwischen mir und der Straße Mejet in seiner gefütterten Outdoorjacke, zwischen mir und einem grellen Handyladen Aseel. In den Erdgeschossen wieder mehr beleuchtete Schaufenster und Fast-Food-Läden, aus denen in Stößen vertraute fettige Gerüche und Wärme kamen.

Direkt vor dem Eingang zu Rewe standen ein paar Männer, das Licht aus den Glastüren fiel schräg auf sie und machte sie zu einer großen Gruppe, massiv und dunkel. Mein Scan setzte ein, nicht akut diesmal, eher ein Reflex. Welche Sprache wurde da gesprochen, war das eine zufällige Feierabendgruppe, lachten sie, hielten ein paar von ihnen Bierflaschen? Oder wirkten sie angespannt wie vor der großen Sache, hatte einer bestimmte Kleidung an, hatte jemand einen Bart? Was waren das für Bilder? Keine Erfahrung begründete sie mir, keine eigene Erfahrung konnte ich vorweisen zur Erklärung. Und ich konnte den Reflex wieder nicht verhindern, nicht rückgängig machen, zu ihnen gehen, ihnen zeigen, dass es mich selbst wahnsinnig machte.

Mejet neben mir fing an zu pfeifen, das tat er manchmal, wenn wir zu lange schwiegen. Ich hätte ihn gern untergehakt in einer Welle aus Zuneigung, ihn und Aseel, aber der Körperkontakt mit ihnen beschränkte sich auf die Umarmungen zur Begrüßung und zum Abschied.

»Hast du das selbst gemacht?« Ich simulierte mit Zeige- und Mittelfinger der rechten Hand eine Schere und zeigte auf seine Haare. Mejet grinste wieder, und die Falten um seine Augen vertieften sich. »Nee, das war Aseel. Gut, oder? Sie hat bei unserer Mutter gelernt.«

»Aber ich bringe es Mejet bei«, warf Aseel ein. »Er kann es bei dir üben.« Mejet fiel ihr ins Wort. »Auf keinen Fall, Aseel ist der Meister«, und er begann zu erklären, wie sie es machte: Die Haare wurden nicht gewaschen, sondern trocken geschnitten. Erst danach sollte man richtig duschen gehen, um den Kopf von den Härchen und schließlich den Körper allgemein von Überflüssigem, Abgelegtem zu reinigen. »Alte Haare, alte Haut, alles Alte weg«, schloss er.

Ich nickte. »Ich will richtig gern, dass ihr das macht.« Aseel nahm vorsichtig eine meiner Strähnen zwischen ihre

Finger und strich darüber. Sie ließ wieder los und erzählte von ihrer Cousine, deren Haare sie auch geschnitten hatte. Das musste mindestens zwei Jahre her sein, ich wusste, dass sie sich manchmal über FaceTime aus einem Ort in der Nähe von Riad meldete. »Und sie ist jetzt verheiratet«, sagte Mejet, als hätte das mit Aseels Künsten zu tun.

»Dann lieber nicht«, sagte ich. Merle hätte gelacht, Lukas mit Nachdruck und geweiteten Augen genickt. Mejet und Aseel reagierten nicht, so lösten wir Situationen, in denen wir hätten diskutieren müssen, wir schwiegen und harrten nebeneinander aus. Schweigend gingen wir zusammen weiter zur Kreuzung, spätestens im Laden würden wir wieder anfangen zu sprechen. Ich stellte mir vor, wie Aseel meine Haare schnitt, und dabei liefen wir einfach an der Situation vor dem Supermarkt vorbei, Mejet zwischen der Männergruppe und mir.

—

»Ich glaube, Aseel und Mejet geht es ganz gut. Mir auch übrigens, hier ist alles wie immer.« Lukas schien zu hören, dass ich nicht den Hörer festhielt, sondern mich an ihm, deshalb redete er, statt zu fragen.

»Ich mag sie. Mejet spricht ein bisschen viel, ich hätte gern mehr von Aseel erfahren. Sie haben Merle und mich zum Essen eingeladen, obwohl du nicht da bist. Wir haben über Filme geredet, und da gab es erstaunlich viele Überschneidungen. Vielleicht auch nicht erstaunlich, vielleicht ist es daneben, dass ich mich darüber gewundert habe. Mochte jedenfalls ihren Geschmack, also Aseels.«

»Hm.« Ich war allein in der Wohnküche und sah die Zettel auf der Tastaturunterlage durch, um mich mit etwas abzulenken oder, eigentlich, um mich mit etwas aufzufüllen. Ich kannte das, wenn ich in diesen Zustand gekippt war: Im Umkreis des Zustands hatte ich nicht viel zu sagen. Keine Ruhe vor, die Leere nach dem Sturm. Mir fiel nichts ein, außer den Hörer zu nehmen und mich an ihn zu hängen und an Lukas' Stimme, weil die zu meiner Wohnung gehört hatte und ich in der Wohnung, auf dem Teppich liegend, manchmal zur Ruhe gekommen war.

»Aber wie ist es bei dir? Warum hast du angerufen, was Bestimmtes?«

»Nein, einfach so.« Stille, würde doch nur die Verstockung aus mir weichen. »Oh Mann, weißt du noch, wie ich dich abends in der Küche zwingen wollte, die Nachrichten auszumachen oder Kopfhörer rein?«

Was sollte er darauf sagen?

»Ja. Das war *strange*, Noa. Als du gesagt hast, dass du gehst, dachte ich kurz, du gehst deswegen. Aber wie kommst du drauf? Hast du das wieder gemacht, und sie haben auf dich gehört?«

Ich lachte. »Nein.« Ich klickte mich auf dem Computer durch die Ordner mit ihren Fotos.

»Aber ganz lustig, sie hören deutsches Radio, vor allem er. Kennt sich mit der Innenpolitik besser aus als ich.«

Jade, die als Vierjährige ein totes Huhn hält, mit beiden Händen auf Schulterhöhe und voller Stolz. Jade, noch kleiner, die auf dem Rücken von WolfEins reitet. Ich wusste, dass Gregor diesen Hund aufgezogen hatte und dass der Wolfskörper der erste in ihrem Familiengrab war.

»Was ist los, Noa? Willst du einfach noch ein bisschen von hier hören, zur Ablenkung? Oder darüber sprechen?«

»Schon okay. Weiß eigentlich nicht, warum ich das gerade gesagt habe.«

Ella und Gregor, die nebeneinander in der Herde stehen, so nah, wie ich sie nicht ein einziges Mal beieinander gesehen hatte, draußen nicht, nicht in der Wohnung. Ich schloss das Programm und drehte mich vom Schreibtisch weg.

»Vielleicht reden wir auch lieber wann anders weiter, ich muss gleich wieder raus. Grüß alle, ja?«

»Okay. Meld dich. Hab dich lieb.«

Das Wasser war eine warme Hülle gewesen, als ich damals im Badezimmer unter der Dusche gehockt hatte. Von der Schädeldecke lief es mir über den Rücken in die Wanne, Lukas hatte sich auf die Waschmaschine gesetzt.

Noa. Ich kann das nicht für dich übernehmen. Ich kann das machen, dass ich jetzt immer Kopfhörer benutze. Aber was soll das, geht es um die Nachrichten, hältst du die nicht aus?

Nach einer Weile war er aufgestanden, so viele Wochen war das her, eine ganze Jahreszeit.

Nicht mal Merle kann das für dich übernehmen. Du weißt das, oder?

3

Es hätte eine Natter sein können. Es gab welche in dieser Gegend, Jade hatte schon eine gesehen, die gerade in der Sonne gelegen und eine so unwahrscheinliche Beule hatte wie die Schlange, die man für einen Hut halten sollte. Ich zuckte nicht zurück. Wenn es eine Natter gewesen wäre, sie hätte in aller Ruhe zustoßen und ihre Zähne in meine Wade schlagen können. Der Schreck führte nicht zum Reflex, aber dann hatte ich auch den Schlauch erkannt, zu lang für ein Schlangentier. Am hinteren Ende der Pflanzung schloss er an die Bewässerung an und hatte in regelmäßigen Abständen je zwei kleine Löcher, durch die langsam und stetig Wasser austreten und in den Boden um die Kohlköpfe sickern konnte.

Auch Wölfe sollten hier schon gesichtet worden sein. Wenn wir mit dem Auto unterwegs waren, schob sich der Gipfel plötzlich vor dem Fenster vorbei, und mir gefiel die Vorstellung eines kleinen Rudels, das durch die Hochebene zog, dort, wo die Waldstücke sich noch so weit streckten, dass es darin verschwinden konnte.

Ich zog die Arbeitsjacke aus und ließ sie auf einem Stapel Eimer am Weg liegen, es war jetzt auch vormittags angenehm warm, die Luft blieb den ganzen Tag voll Frühlingsgeruch. Ich konnte den kleinen Traktor schon hören, wie sich das Geräusch verdichtete und unangenehm wurde und sich dann wieder entschärfte. Der Weg führte vom Kohlfeld zum höchsten Acker hinauf, auf den die Kartoffeln kommen würden, die Schubkarre vor mir wackelte und hüpfte auf dem steinigen Boden und über die Löcher in der Wiese. Kein Wolf käme hierher, ich fürchtete mich nicht davor. Ella und ich hatten darüber gesprochen, und ich stimmte ihr zu: Es ergab so viel Sinn, *zeitgemäß* hatte Ella es genannt, Angst zu haben vor der übrig gebliebenen Natur, doch nicht vor ihren Ungeheuern. Was waren schon Wölfe, diese ausgezehrten Hunde, wenn es mit solchen Sommern weiterginge und die Wetter wie Dominosteine aneinanderstießen?

Gregor hob die Hand, um zu zeigen, dass er mich gesehen hatte, hören konnten wir uns gegenseitig nicht über das Motorengeräusch hinweg. Immer wieder griff er sich an die linke Schulter und knetete. Beim Pflügen musste er außerdem immerzu den Kopf nach hinten wenden, um die Spur zu kontrollieren. Ich begann, Steine von der Seite des Ackers zu sammeln, die noch ungepflügt war. Wenn zu viele Steine ins Getriebe gerieten, verursachte das Schäden, die wir vermeiden mussten. Gregor und Ella konnten sich neue Geräte nicht leisten, das wusste ich. Immer wenn ich einen Stein aus dem Boden hob und ihn in die Schubkarre warf, geriet der Untergrund in Bewegung, neues Geröll tauchte auf, Steine groß wie meine Füße oder klein wie Schotter. Nach einer Weile musste ich neu fokussieren, um bei der sinnlosen Arbeit zwischen den Brocken überhaupt noch Erde sehen zu können. Gregor fuhr auf dem Traktor an mir vorbei, das Geräusch starb endlich ab.

»Könntest du Jade heute abholen? Ich schaffe es nicht.« Ich drehte mich um und sah ihn den Weg zum Acker zurückkommen. Gregor hielt sich schon wieder die Schulter und ging sehr langsam, ich nickte.

Er seufzte und nahm einen schwarzen Eimer hoch, in dem eine Handschaufel steckte.

»Mit dem Pflug ist erst mal Pause. Deinen Abschnitt mache ich später, dann sind halt nur so viele Steine weg, wie eben weg sind.«

»Was machst du jetzt, was ist das?« Ich stand auf und sah in den Eimer, den er mir hinhielt.

»Gründünger. Wir setzen dieses Jahr doch noch nichts, es ist noch nicht lang genug her, dass die Kartoffeln hier waren. Wir sprechen nochmal, wohin sie kommen.« Gregor nahm den Eimer und ging zur gepflügten Seite des Ackers, die dunkler wirkte als die, auf der ich mich wieder hinhockte. Er streute die Samen mit der Schaufel aus, in einer Bewegung, die ich aus alten Filmen kannte, von einer zur anderen Seite, hin und her, Männer und Frauen, die im Feld standen und mit der Sense das Korn ernteten.

»Das hilft gegen Erosion, der Boden wird in der Zwischenzeit, wenn wir nichts pflanzen, gut durchwurzelt und kriegt Nährstoffe. Reha sozusagen.« Gregor lachte und steckte die Schaufel in den Eimer, um den linken Arm einige Male nach hinten zu kreiseln.

»Geht's?« Ich wischte mir die Hände an der Hose ab, der Dreck unter meinen Fingernägeln ließ sich so nicht entfernen. Überrascht sah Gregor zu mir.

»Nein, eigentlich nicht. Muss aber. Wenn du Jade holen würdest, das wäre eine Hilfe. Dann schaffe ich den Acker heute vielleicht ganz.« Er begann wieder zu streuen.

»Wie könnt ihr nur alles gleichzeitig auf dem Schirm haben? Wird man da nicht verrückt? Oder vergisst ständig Töpfe im Gewächshaus oder eine Fruchtfolge oder was die Schafe brauchen oder Jade oder was nachgesät oder vorgezogen werden muss, ganz kurz hintereinander, oder wann wir Pflanzen gießen müssen oder so?«

Gregor sah geschmeichelt aus. »Na ja. Die Abläufe hier sind komplex, das stimmt, und dazu kommen noch das Wetter und Wildschweine und die Trockenheit. Dadurch wird es auch nach all den Jahren nicht langweilig. Aber ich kenne die Abläufe und meine Arbeit. Die Arbeit bleibt in Bewegung, und ich muss mich mitbewegen, das ist schön. Das ist mein Eigenes geworden. Das ist ganz meins, es gibt nichts anderes, was mir so *gehört*. Kann man das verstehen?«

Er setzte den Eimer ab und kratzte sich am Kopf, knetete wieder die Schulter und holte aus seiner Gesäßtasche eine Mütze gegen die Sonne. Dabei sah er mich nicht an, er sah dorthin, wo der Acker sich zur Gegend öffnete.

»Das ist wie Autofahren. Am Anfang bist du maßlos überfordert, du musst alle Regeln beachten und bist jeder Straßensituation ausgeliefert, nichts kannst du einschätzen: ob da jetzt eine Fußgängerin kommt oder das Fahrrad-Arschloch vor dir plötzlich abbiegt, ohne das anzuzeigen. Du weißt nicht, wie eng eine Kurve wirklich ist, und auf einmal bist du falsch herum in eine Einbahnstraße gefahren oder hast jemandem die Vorfahrt genommen. Aber dann langsam«, er sah zu mir herüber, vorsichtig, als würde er nicht mehr nur über sich sprechen, »langsam wird es, und irgendwann ist der Verkehr für dich überschaubar und ganz geordnet, ohne dass du es gemerkt hättest. Du wirst flexibel und kannst den Ablauf spielen. Du kannst reagieren, wenn eine Sirene zu hören ist oder alles eine kilometerlange Baustelle auf der Autobahn. Alles ist vor deinem Blick langsamer geworden, wenn du jetzt das Steuer richtig in der Hand hast. Na, so ungefähr.«

»Verstehe.« Ich zuckte zusammen, als ein Stein in der Schubkarre lauter aufschlug als erwartet. »Ich habe den Führerschein zwar gemacht, aber es war Horror.«

Gregor schnaubte.

»Wir machen trotzdem ständig alles Mögliche falsch. Ich habe ja erst spät angefangen zu lernen, ist ja nicht das Erste, was ich mache. Jade, wenn ich mir vorstelle, dass Jade hier irgendwann übernimmt – dann sieht alles noch einmal anders aus. Wenn sie systematisch dazulernt zu dem, was sie hier mit der Muttermilch mitbekommen hat. Das wird das Paradies auf dem Acker. Übrigens das hier«, er deutete plötzlich auf eine Stelle am Feldrand, wie er häufig bei etwas stehen blieb, das er benennen konnte, »Butterblumen. Die wachsen jedes Jahr hier. Wusstest du, dass die Römer ihre Gefangenen mit Butterblumen vergiftet haben?«

»Will sie denn? Also Jade.«

Gregor sah mir ins Gesicht und nahm dann den Eimer wieder auf.

»Ich wünschte, sie dürfte das nicht frei entscheiden. Bei ihrem Kopf habe ich aber wenig Hoffnung für das alles«, er nahm sich Zeit, mit ausgestrecktem Arm auf die Gegend zu zeigen, die ganze Gegend aufzuladen auf seine Armbewegung.

»Die will in die Welt, ich fühle das schon, weißt du, was richtig Verkopftes, Internationales Recht, Biochemie, was weiß ich. Politik wäre noch okay.«

Wie Gregor dazu stöhnte und weiterging, mit dem Eimer in der Armbeuge, und nur langsam das Streuen wieder aufnahm, bekam ich Schmerzen in der linken Schulter und musste mich ermahnen, nicht hinzugreifen wie er.

—

Ich grüßte nicht mehr nur den Nachbarn, ich nickte vom Fahrrad aus auch den Schafen zu und im Dorf sogar dem Mann, der auf der Stufe vor der Bäckerei festgewachsen war. Eine Nachbarin vom Pass kam mir unterwegs entgegen, ich erkannte ihr rotes Auto. Sie hob die Hand vom Lenker für mich. Der Fluss unten machte ein trockenes Geräusch, ein Rascheln, ich hätte ihn nur sehen können, wenn ich mit gerecktem Kopf sehr nah an das Mäuerchen am Straßenrand herangefahren wäre, aber ich wusste auch so, dass es schon seit mehreren Wochen dringend hätte regnen müssen.

Den Bäumen sah man den Mangel noch nicht an, sie simulierten, mit aller Kraft schossen sie helles Grün und Gelb und hin und wieder Magenta aus ihren Trieben. Die Farben verwischten im Vorbeifahren, für den Moment täuschte das. Als es steiler bergab ging, streckte ich die Beine von den Pedalen und atmete, so tief ich konnte, bis in den Beckenboden, so tief, wie es in keiner U-Bahn, auf keinem Teppich zu schaffen gewesen wäre, und dachte: Ich könnte hierbleiben. Ein Bild tauchte vor mir auf: Es war Nacht, um mich Wald, über mir das Gestein des Gipfels, ich lag allein auf dem Boden und sah in die dunkle Gegend. Dabei leuchtete von Zeit zu Zeit meine Hand beim Zug an der Zigarette, die kurz der hellste Punkt der Umgebung war.

Jade musste im Bus eingeschlafen sein, sie stieg mit schiefem Gesicht und wirren Haaren aus und wollte wissen, warum nicht ihr Vater sie holte.

»Außerdem brauchst du ein Sicherheitswort. Weißt du es?«

Sie setzte sich mit verschränkten Armen auf die Stufen vor dem nutzlosen Schulgebäude und schloss wieder die Augen. Jeden Morgen wurden die Kinder aller Nachbartäler vor den vernagelten Schultüren ihrer Dörfer eingesammelt, um in einen Ort etwas weiter flussabwärts gebracht zu werden. Dort gab es Unterricht für die Unterstufe.

Gregor hatte mir kein Wort gesagt.

»Na komm, Jade.« Ich ging einen winzigen Schritt in ihre Richtung, im Augenwinkel konnte ich sehen, wie eine Frau, die wohl die Gruppe im Bus begleitete, vorn an der Fahrertür zögerte.

Jade blitzte mich an. »Das Wort ist ja wohl sinnlos, wenn man es nicht sagen muss.«

»Du hast recht. Aber du weißt doch, dass ich in Frieden komme.«

Jades Gesicht zeigte keine Regung. »Ich hab keine Lust, zu laufen, Papa ist wenigstens mit dem Auto.«

»Bitte, gleich kommt die Madame da, der Stress muss nicht sein, oder? Die ruft dann bei euch an, Gregor ist gerade auf dem Feld und hört das Telefon nicht, und am Ende wird er eh sagen, dass er mich losgeschickt hat. Da bin ich dann aber längst wieder oben, weil du nicht mit mir kommen willst. In der ganzen Zeit musst du also hier allein rumsitzen und warten. Wir können besser noch Kirschzweige schneiden, bei der Ruine gibt es ein paar, die blühen.«

Auf einmal leuchtete etwas über ihr Gesicht, schnell stand sie auf, raffte den Rucksack und zischte: »Cinq cent mètres.«

Die Madame legte mir die Hand auf die Schulter.

»Alles klar hier?« Sie schaute Jade an.

Jade nickte. »Wir gehen gerade.«

Die Madame sah mir ins Gesicht.

»Cinq cent mètres. Ihr Vater schickt mich, ich arbeite für sie.«

Ich nahm Jade den Rucksack ab. Ohne Rucksack ging sie schon viel freier, sie nahm einen Stock und tippte damit an die Hausmauern. »Was ist denn?«

»Hast es schon spannend gemacht. Das war ja, als würden wir was Verbotenes tun.«

»Quatsch.«

Ich versuchte umständlich, den Rucksack auf dem Gepäckträger festzubinden, er wog eine Tonne.

Jade hüpfte einige Meter vor mir her über die Brücke, hier sprudelte das Wasser und raschelte nicht.

»Im Sommer können wir an dieser Stelle gut reinspringen, hier bleibt es immer tief genug, und man kann bis auf den Boden sehen, die größten Fische sind so.« Sie hielt mir Daumen und Zeigefinger zu einer wenig beeindruckenden Spanne hin und lief dann wieder vor. »Der Sommer ist am besten im August. Dann bist du noch da, oder?« Über das Wasser hinweg klang es wie ein Befehl.

Ich versuchte, sie einzuholen, das Fahrrad schlingerte in meinen Händen. Das letzte Mal, dass Jade und ich die Straße zum Haus hochgegangen waren, hatten wir mit den Schafen zu tun gehabt und kaum geredet. Wir hatten die träge Herde vor uns immer wieder antreiben müssen, dafür hatte Jade mit einem langen Stecken knapp hinter ihnen auf den Asphalt geschlagen, bis sie in die kleine Senke neben der Straße oder den Tieren vor sich auf die Rücken gesprungen waren.

»Warst du schon mal von hier weg?«

Jade warf ihren Stock über die Mauer ins Tal.

»Na ja, manchmal ein Wochenende am Meer. Einmal war ich in Paris, das war gar nicht so toll. Und wir machen manchmal Biwak. Und nach Deutschland für Weihnachten. Also schon, mehr als meine Kameraden aus der Klasse.«

»Du hast so schöne Wörter in den Sätzen.« Ich stupste sie an der Schulter.

»Was? Biwak?«

»Kameraden, das ist französisch importiert. In Deutschland sagt das niemand mehr.«

Jade zuckte die Schultern. »Passiert auch, wenn ich deutsch schreibe.« Sie stupste mich zurück, dabei hatte ich Mühe, das Fahrrad gerade zu halten. Wir kamen an die Kurve, die so schwer einzusehen war.

»Kommt nichts, das hätten wir gehört«, sagte Jade, ohne langsamer zu werden, ihr Zopf schwang von ihren Schritten, ihre Sweatshirtjacke rutschte ihr von der Schulter. Ich hörte die Hunde von weiter oben, bald würden sie uns entgegenstürmen, die Pfoten auf dem Mittelstreifen der Landstraße.

»Kannst du dir vorstellen, später woanders zu leben? Oder willst du hierbleiben? Denkst du überhaupt schon über so was nach, ich glaube, ich hab das in deinem Alter gar nicht gemacht.«

»Na klar bleibe ich. Also, *ich* war noch nie irgendwo, wo es mir besser gefallen hat oder schöner war.«

Rechts von uns lag die Ruine. Vor dem verfallenen Haus wuchsen jetzt Wein und Blauregen ineinander, Blüten hingen in dichten Tropfen. Von hier aus konnte ich auf dem Hügel gegenüber einen Schotterweg erkennen, den ich vorher noch nie wahrgenommen hatte. Dort stand kein Haus.

»Ich will später mehr Tiere haben und weniger Gemüse machen, das Gemüse ist der größte Stress, dann bräuchte ich auch keine Helfer. Und ganz viele Katzen will ich. Solche, die rumstreunen, weißt du, wenn sie noch ganz klein sind. Die nehme ich auf und pflege sie, die kleinsten dürfen in meinem Bett schlafen.«

»Wie schön! Aber wärst du nicht ein bisschen allein und würdest dich langweilen, so nur mit den Katzen?«

»Ich hab schon früher am liebsten mit den Lämmern gespielt. Mit wem sonst?« Wenn sie mich einmal direkt ansah, fiel mir das Grün ihrer Augen wieder auf, grün und schön waren sie, aber immer noch auf der Lauer.

»Ich würde gern hierbleiben, ich kann nur nicht, hier gibt es später keine Schule mehr, an der ich das Bac machen kann. Alle müssen dafür von ihren Eltern weg. Ich kann nur irgendwann zurückkommen.«

»Das ist alles schon geplant, was?«

Sie nickte und zuckte mit den Schultern.

Beinahe hätte ich sie gefragt, ob sie studieren wollte, die Elfjährige, beinahe kam es mir über die Lippen. Stattdessen sagte ich schnell: »Komm, wir klettern hier runter«, und deutete auf eine Stelle kurz vor der Ruine, unterhalb wuchs der Kirschbaum.

»Ich hab eine Schere dabei, dann kann eine schneiden, eine auffangen.«

Jade nickte. Ich stellte das Fahrrad ab. Sie blieb stehen und bedeutete mir, nach unten zum Baum zu gehen.

»Stell dich da an den Stamm.«

Ich blieb mit der Jacke an einer Brombeerranke hängen und musste mich losreißen, um die ersten dürren Zweige auffangen zu können, die Jade zu mir fallen ließ.

»Ich habe doch mal gesagt, dass ich dir etwas erklären will, weißt du noch?«

Jade sagte nichts, sie schien mit der Gartenschere zu kämpfen.

»Ich dachte, ich mache das jetzt. Nicht, dass du dich irgendwann erschreckst. Manchmal bekomme ich Angst, das hat etwas mit dem Körper zu tun, der gerät in großen Stress, wie wenn ich lang gerannt bin. Bevor ich zu euch gekommen bin, ist es schlimmer geworden bei mir zuhause.«

Von oben fiel ein neuer Zweig, an dem die Blüten in weichen Büscheln hingen. Der Strauß in meiner Hand würde bald schon reichen.

»Äh, okay. Aber wovor hast du Angst?«

Sie fragte beiläufig, es war eine Nebensache für sie.

»Das kann ich nicht gut erklären. Es verändert sich sogar manchmal. Ich habe immer plötzlich Angst, zu sterben.«

Wie unehrlich sich die Antwort anfühlte ohne die Schuld darin. Ganz unbeabsichtigt war es wie eine echte Lüge.

Jade kreischte plötzlich und lachte und entschuldigte sich, die Gartenschere war ihr aus den Händen gerutscht und einen Meter neben mir auf den Boden gefallen. Ich lachte mit ihr und ging langsam nach oben.

»Macht nichts, wir haben auch genug. Am Ende wird's dunkel, und die anderen denken doch noch, ich hätte dich weggeschleppt.«

»Du hättest gar keine Chance gegen mich.«

Ich tat so, als würde ich ihr mit der Gartenschere den Zopf abschneiden wollen. Jade wich mir aus und nahm das Fahrrad. Sie sah klein aus daneben, schob es aber beinahe ohne Mühe auf die Straße.

4

Von manchen Helferinnen hörte Ella nach langem E-Mail-Verkehr monatelang nichts, und dann schrieben sie mittwochs, dass sie am Sonntag ankommen würden, Zug oder Flug seien gebucht, sie würden sich freuen.

»Das ist gut, dann sind wir zum Saison-Start genügend Leute auf dem Markt«, sagte Gregor. »Ab nächster Woche, Noa, jeden Samstag. Die Regel ist: Es geht spätestens los, wenn man keine Jacke mehr braucht. Die zweite Regel: Lämmer und Markt kommen gleichzeitig.«

Jade hatte keine Lust auf ein neues Gesicht, auch nicht auf eine Anja, sicher auf keine, die in ein Flugzeug stieg, um herzukommen. Weil sie den Kopf immer wieder drehte, um Ella etwas zuzurufen, rutschte mir der Pinsel auf ihrer Wange ab. Mit Spucke und Küchenpapier versuchte ich, das Ornament aus Wasserfarbe zu retten. Ich selbst trug bereits einen schiefen Baum über der Nasenwurzel und bunte Kringel auf den Schläfen.

Sonntags hatten wir frei. Das bedeutete für mich, mit Jade zu spielen, für Ella, E-Mails zu beantworten, die sich über die Woche angestaut hatten, für Gregor, den Ausbau der Bergerie weiterzuplanen.

»Was wollt ihr überhaupt mit Ferienwohnungen?«, fragte ich in ihr Gespräch über Zwischenwände und Wasseranschlüsse hinein.

Es war Ella, die antwortete: »Es wird mit jedem Jahr frustrierender, ich weiß nicht mehr, wogegen wir ankämpfen. Du wirst es merken: Mit dem Land kann man nicht mehr viel machen. Das Beste ist, es zur Verfügung zu stellen. Dann können die Leute es anschauen, solang es noch schön ist, April bis Anfang August, würde ich sagen, und einige Wochen im Winter. Aber was Neues auf diesem Boden aufbauen, hier etwas Neues *an*bauen …« Sie rieb die Finger aneinander, als würde sie etwas zerbröseln.

Blau und Grün hatte Jade sich gewünscht, mit geschlossenen Augen hatte sie vor mir gesessen und gesagt: *Auf keinen Fall Rosapink*, und ich hätte sie an mich drücken können dafür.

»Hat die Neue schon mal gearbeitet, kann sie was?«, fragte sie in Richtung ihrer Eltern, und ich musste darüber grinsen, wie es aus ihrem Mund klang.

Ella drehte sich vom Computer zu uns. »Sie war noch nie länger auf dem Land, wenn du das meinst.«

»Hm, okay.«

»Sei nett, Jade. Ist sie nicht so alt wie wir? Die Frau hat Beruf und Kinder, klar kann sie was.« Gregor trank den Kaffee mit gerunzelter Stirn, sah auf die Uhr und stand auf. »Ich lege mich nochmal hin, aber heute Abend fahren wir mal rechtzeitig los, und es wäre gut, wenn du mitkommst.«

Jade verzog das Gesicht unter meinem Pinsel.

»Aber ich lass das dran.«

»Von mir aus«, brummte Gregor von der Tür, »du willst sicher hierbleiben, oder?«

Ich nickte direkt in Jades Richtung. »Ich wollte heute in den Wohnwagen umziehen. Ich glaube, es ist jetzt warm genug. Und ich muss Freunde anrufen.«

Dass das nicht funktionieren würde, wusste ich, als ich es sagte. Jade verkniff den Mund.

»Das hast du gestern schon gemacht. Warum musst du so viel telefonieren? An der Hütte haben wir auch nicht weitergebaut.« Kurz schwieg sie. »Ich will nur nicht allein die Neue treffen, weißt du?«

Einen Moment zögerte ich, der Pinsel über dem Schälchen mit Magenta, ich hatte ihr so wenig entgegenzusetzen.

»Wenigstens den Umzug muss ich machen, Jade, du kannst mir aber einrichten helfen.«

»Bitte komm auch!« Jade öffnete die Augen, als ich gerade den Pinsel weglegte.

—

»Als wir das erste Mal Markt gemacht haben, vor zehn Jahren, kam nur eine einzige Frau zu unserem Stand, und die hat nur ein Bund Zwiebeln gekauft.« Ella lenkte die kurvige Straße entlang in die kleine Stadt direkt am Flussufer. Gregor fuhr ein Stück hinter uns, im Bulli, den sie nur nahmen, wenn sie die Biertische transportieren mussten, die dann den ganzen Platz brauchten. Ella drehte sich zu Anja um und lächelte ihr zu. Anja saß im Laderaum und versuchte, sich an den Marktkisten gleichzeitig anzulehnen und festzuhalten. Ich hatte ihr angeboten, nach hinten zu gehen, die erste Woche mit ihr hatte mir Spaß gemacht. Anja riss obszöne Witze, wenn wir allein zwischen den Zwiebeln saßen und Unkraut zupften, sie nannte mich *Mädchen.* Aber ich war es, die ihr zeigte, wo wir die Geräte aufbewahrten und wie tief man welche Pflanzenzöglinge in die Erde setzen musste.

Hinten im C15 sah Anja verkrampft aus und beugte sich von Maya weg. Das würde sich nach einigen Fahrten verändern. Ich empfand Genugtuung über diese Prognose. Anja würde auch noch Gefallen finden an den Kratzern auf der Haut und an unseren Kaffeepausen.

Jade und ich teilten uns den vorderen Sitz, sie versuchte, einen Fetzen Schafswolle an meiner Jacke festzubinden.

»Damals hat dann Karim seine Kunden zu uns geschickt für alles, was er selbst nicht im Angebot hatte. Er ist Historiker und doppelt so lang hier wie wir«, sagte Ella laut über den Motorlärm, »ihr werdet ihn auch kennenlernen, er ist unser Marktpapa. Einmal habe ich gesehen, wie er eine Kiste von seinen eigenen Zwiebeln wieder ins Auto zurückgestellt hat, damit die Leute zu uns müssen.« Ella lachte, ich stellte mir vor, wie sie an dieser Stelle jedes Mal lachte, wenn sie neuen Helferinnen die Geschichte erzählte. Sie bog in die Straße, die an der Post vorbeiführte.

Der Marktplatz war klein und freundlich. Platanen, denen die Blätter aus den Fäusten wuchsen, standen an seinen Rändern. An eine Seite des Platzes grenzte ein Café, die meisten Tische waren von Rauchenden besetzt. Einige hier gingen barfuß, viele trugen nachlässige Kleidung. Die Menschen in diesem Winkel der Berge sahen sich auf gewisse Weise ähnlich: Viele hatten selbstgeschnittene Frisuren und Ringe im Nasenflügel. Anja sah aus dem Fenster der Hecktüren: »Hier laufen ja nur Hippies rum.« Es klang nicht unzufrieden.

Dem Café gegenüber begrenzte eine romanische Kirche den Platz, in ihrem Schatten würden wir den Stand aufbauen. Wir stapelten die Kisten mit den Salaten, einigen Kilo Kartoffeln aus dem Lager, ersten Beeren und den Marmeladen vor dem Auto. Jade plapperte, wann sie das letzte Mal in der Stadt waren mit der Klasse, um ein Eis zu essen, und wie schrecklich sie Arthur fand und dass er sicher gestört war und seine Mutter immer trank. Sie lachte darüber, aber es klang verlegen. Endlich kam Gregor mit den Tischen.

Mit Magalie, die auch im Gemeinschaftsladen arbeitete, führte Ella ein Marktgespräch, so hießen diese kurzen, obligatorischen Wortwechsel. Sie strich Jade über die knotigen Haare: »Jade, du weißt ja, wo alles hinmuss. Du bist jetzt die

Standchefin.« Sie ging mit Magalie, um Kaffee für alle zu holen. Anja und ich begannen, die Tische zu bestücken, wie Ella es mir am Abend erklärt hatte. Jade stand hinter uns oder lief vor dem Stand auf und ab und half halbherzig. Die meiste Zeit aber drehte sie die Gläser mit den Schildern nach vorn. »Ihr müsst das schon ordentlich machen, ich meine, wir verdienen damit unser Geld, davon leben wir. So wollen das die Leute ja nicht kaufen.« Sie hatte ein Gesicht aufgesetzt, das sie sich abgeschaut haben musste, vielleicht von ihrer Lehrerin: Bald würden die ersten Leute kommen, wie peinlich das würde, da kämen schon welche, das müsse alles schneller gehen. Als ich den Korb mit Knoblauch falsch herum hinstellte, stöhnte sie laut auf. »Anja, kommst du mal, schau mal von hier«, sie zog an ihrem Arm, »würdest du das so kaufen wollen? Nein, die Leute gehen weiter, nur weil ihr euch null Mühe gebt. Los, macht das nochmal neu.«

Ich setzte zwei Erdbeerschälchen heftiger ab als beabsichtigt, eine Frucht fiel über den Rand, ich konnte sie gerade noch auffangen.

»Jade«, fuhr ich sie an, »wir helfen freiwillig, wir sind keine Dienerinnen! Spiel hier nicht die Göttin.« Ich steckte mir die Erdbeere in den Mund. Anja lachte leise und zog ihren Arm aus Jades Griff, aus der es wie in einem Reflex hervorbrach: »Aber ich *bin* Gott!«

Ich hielt inne, sah ihr direkt ins schöne, wutverzerrte Gesicht. Scham überzog die sommersprossigen Wangen so langsam, als wehrte sie sich dagegen. »Ich bin die Chefin«, blitzte sie mich an, »*du* bist es schon mal ganz bestimmt nicht.« Ihre Stimme wurde leiser bei den letzten Worten, und sie drehte sich weg.

»Was brüllst du so rum, Kind?« Gregor trat vor den Stand, um das Schild aufzuhängen. Jade zuckte mit den Schultern und verkroch sich unter den Tisch, um auf ihre Mutter zu warten. Ella würde wiederkommen und ihre Beschwerden anhören, sie würde Jade loben und ihr recht geben.

Einmal hatte ich die beiden zu einer Einheit zerfließen gesehen, an einem Morgen in der Wohnküche. Jade war die Treppe heruntergekommen, Ella hatte sie begrüßt mit den Worten: »Meine Süße, tut dein Knie noch weh?« Jade, die vorher herumgesprungen war, überlegte kurz und kroch dann wimmernd auf Ellas Schoß. Die beiden waren zu einem Berg Mensch verschmolzen, die Gesichter aneinandergelehnt und von den enormen Haaren vor Blicken geschützt. Sie flüsterten. Ihr Flüstern ein unheimlicher, leiser Wind, den nur die beiden verstehen konnten.

—

Mit den ersten warmen Wochen in Folge waren die Lämmer gekommen, jeden Morgen fielen mindestens zwei neue ins Gras. Unsere Sorge galt denen, die verstoßen wurden: Unter den Müttern waren viele, die Zwillinge bekommen hatten, und viele, die nach dem ersten das zweite Kind nicht annahmen. Das verstehe sie gut, sagte Ella und lachte. Erst als Gregor und ich aus Holzpaletten einen Pferch aufstellten, in dem die Lämmer ungestört von den erwachsenen Schafen gefüttert werden konnten, sagte er beiläufig, dass er fünf hatte haben wollen.

»Viele Kinder sind nie einsame Kinder.«

Ella hätte das erst nach Jades Geburt für alle Zeit ausgeschlossen. »Bei Schafen trifft nicht allein die Mutter diese Entscheidung.« Gregor strich einer Alten konzentriert durchs Fell. Dass es unangenehm sei: Mitleid mit dem eigenen Kind zu haben.

Anja kam vom Haus und balancierte die Flaschen im Arm. Fast zeitgleich mit ihr, unter Babygeschrei, erreichten die Lämmer den Zaun der Weide. Als hätten sie die Milch durchs Plastik gerochen.

»Jade freut sich wirklich aufs Fest nächstes Wochenende. Mir ist fast die Milch verbrannt, so hat sie mich zugetextet, ganz überdreht.« Sie sah in Gregors Richtung. »Nichts für ungut.«

»Diese Events sind eben selten.«

Anja nickte. Schweigend standen wir nebeneinander, wir kippten und hielten die Flaschen noch ungeschickt. Nur Gregors Lamm trank still und mit geschlossenen Augen.

»Sie meinte zu mir, dass das natürlich nicht ideal ist mit den Flaschen, wie viel aus Plastik ihr überhaupt dahabt. Sie ist aufmerksam mit diesen Dingen. Sie hat mir sogar eine richtige Predigt gehalten, weil ich hergeflogen bin. Chapeau.« Anja sprach leise. Ich konnte sehen, wie Gregor errötete. Er stellte die erste Flasche ab.

Anja sah von Gregor zu mir. »Nein, ganz ehrlich. Die machen mir Hoffnung, wenn sie so aufwachsen. Solche braucht's, die sollten die nächsten Entscheider werden.«

»Das würde passen, dass das Kind in die Politik geht, richtig mittenrein!« Gregor schob sich einen Ärmel hoch. Ich hob die Brauen.

»Na ja.« Gregor lachte. »Wie auch immer.«

Anja ging darüber hinweg. »Vielleicht kommt es auch daher, dass die Kinder unsere Sorgen übernehmen müssen, Altlasten quasi. Ich wurde schon öfter von so Kleinen zurechtgewiesen. Vielleicht werden die anders ... handlungsfähig?«

Gregor sagte nichts. Mein Lamm wandte sich nach dem Trinken direkt dem Kraftfutter zu. Ich steckte die leere Flasche in die Tasche meines Arbeitshemds.

»Das kommt mir ein bisschen unfair vor, warum sollte das nicht auch für uns gelten. Sind wir nicht handlungsfähig?«

Sie zuckte mit den Schultern. »Für die Jüngeren ist die Bedrohung irgendwie konkreter, glaub ich.« Sie sah zu Gregor, der sich noch immer aufs Füttern zu konzentrieren schien. »Ich hab auch keine Antwort. Es ist eher ein Eindruck: Alle haben mit sich selbst so viel zu tun.«

Beim Hochgehen gab ich Anja die zweite Flasche, um eine der Katzen auf den Arm zu nehmen. Das Tier schnurrte und ließ sich streicheln, als wüsste es, was ich brauchte. Anja und Gregor gingen hinter mir. Sie hatte in ihren üblichen Ton zurückgewechselt und erzählte von einer Freundin, die jedes Jahr weiter nördlich, irgendwo auf der Hochebene, mit ihrer Familie Urlaub machte.

»Jade hat so viel über das Fest gesprochen, sie kommen morgen extra hergefahren. Seit die Kinder aus der Schule sind, machen die immer ein halbes Jahr Deutschland zum Arbeiten, und den Rest verbringen sie hier. Die lesen den ganzen Tag, haben nichts anderes zu tun.«

Ich bedeutete ihnen, dass ich mit der Katze draußen bleiben würde. Gregor nahm den Schlüssel aus einem der Schuhe, die vor der Tür standen.

»Die wissen, wie Glück geht, hm?« Er sagte es mit Ironie in der Stimme, rieb sich aber schon wieder den Arm.

Wenn Jade später von der Schule zurückkam, weil sie noch Sport hatte und Ella ihr keine Entschuldigung schreiben wollte, konnte ich Merle oder Aseel oder Mejet anrufen. Ich wollte, wollte aber doch immer weniger. Sie nahmen ab, erkannten mich hinter der Nummer, ich jedoch musste mich erst wie durch Honig auf sie zu (zu ihnen zurück?) bewegen.

Über der Computerstuhllehne hing Gregors Tasche mit den Ohrmarken, kein Stift funktionierte, aber diese Dinge hatten eine Haftung entwickelt. Ich musste mich losreißen von den in der Tastatur klemmenden Telefonnummern und Terminen (*Jean-Marc, Muttertier komplett, Donnerstag, lebend*). Jean-Marcs Bestellung hatte ich selbst angenommen, den schlecht aussehenden Zähnen gegenübergestanden und später von Gregor erfahren, dass er sich – *und seine Kinder!* – ausschließlich roh ernährte. Dörren war das Maximum an Verarbeitung, das er zuließ, die Menschen hätten Jahrhunderte so gelebt.

Gregor hatte über mein Erstaunen gelacht und gesagt: *»Alternativ« heißt nicht immer das Gleiche oder gleich Gute. Bin auch vorsichtiger geworden.*

Aseels Stimme klang angestrengter als beim letzten Mal, schlapp. »Ich bekomme nie den Job. Das letzte Mal war nur für die Tür im Kino, ich weiß, dass ich Karten kontrollieren kann, ich habe keinen Fehler gemacht.«

»Tut mir wirklich leid, Aseel.«

Sie schwieg.

»Wie hat dir das Buch gefallen? Triffst du die anderen noch?«

»Was? Ja, wir waren oft Tischtennis spielen. Das Buch lese ich noch. Ich lese nur Deutsch, nichts anderes, *I force myself*. Sie nehmen mich aber trotzdem nicht.«

»Scheiße. Verstehe.«

Ich hörte sie scharf einatmen, oder vielleicht war es die Leitung.

»Wirklich? Ich weiß nicht, Noa. Hast du auch so lange einen Job gesucht?«

Es war, wie wenn beim Fahrradfahren die Kette über abgenutzte Ritzel springt oder man auf der Treppe eine Stufe auslässt. Das Gefühl, als würde der ganze Körper nach unten brechen: Erst im Nachhinein erscheint der Schreck unverhältnismäßig.

»Nein. Ich hab gar nicht suchen müssen.«

Ich wollte zu einer größeren Erklärung ansetzen, aber Aseel, viel souveräner als ich, sprach weiter: »Ich will noch etwas erzählen. Ich habe eine Frau gefunden, die Therapie macht. Eine von der Liste, die du mir gegeben hast.«

»Wie gut! Hast du schon einen Termin?«

»Nein. Ich habe auch Angst. Keine Ahnung, ob die Frau alles von mir verstehen kann. Ich kenne nicht viele Wörter für *traurig*, eigentlich kann ich nur *traurig* sagen.« Sie schien zu zögern. »Wann kommst du wieder?«

Ich antwortete nicht sofort. Bei Aseel entstand Lärm von schlagenden Türen. »Ich gehe mit Mejet, schon okay«, sagte sie schnell. »Er ist grade nach Hause gekommen, er sagt gleich Hallo.«

»Ich hätte dich gern begleitet, wirklich. Tut mir leid, Aseel. Wenn es hilft, kannst du ihr meine Nummer geben. Und ruf mich an, wenn du etwas besprechen willst oder etwas schwierig findest, ja?«

»Aber du hast nie Netz.«

»Dann schreib mir, oder ruf über Messenger an. Das funktioniert besser.«

»Also, es ist jetzt auf Laut.«

»Mejet, hallo! Wie geht es dir? Gibt Aseel dir genug zu essen?« Sie lachten, ich stellte mir vor, wie Aseel einen Schritt zurück-, Mejet einen vorgetreten war.

»Ja, ich muss aber selber alles kochen, nach der Arbeit auch noch zuhause. Aber ich mache immer viel. Wie geht's dir? Mir geht's gut, ich bin nur müde. Weißt du, sie wollen auf der Arbeit ein Rezept von mir in die Karte nehmen.«

»Es ist von uns beiden«, hörte ich Aseel einwerfen. »Ich

zwinge ihn, dass er es nach mir benennt.« Ich sah sie die Hand heben und gegen seine Cap schnippen, stellte mir Gerangel am anderen Ende der Leitung vor, aber es war gar nichts zu hören. Nur Mejet: »Ich komm gleich wieder.« Dann Rascheln, Aseel, wieder näher: »Er kann nicht aufs Klo bei der Arbeit.«

Durch das schmale Fenster, das neben dem Computertisch auf die Treppe und auf den kleinen Hof hinaus ging, sah ich Jade kommen, einen Eimer mit Flaschen in die Armbeuge gehängt, die Katzen wischten ihr um die Füße.

»Noa?« Aseel klang gedämpft. »Wir sehen uns aber wieder, oder?«

»Klar, ich komm auf jeden Fall zurück!«

»Ja. Das ist nicht die Frage. Aber wenn wir zum Beispiel keine Hilfe mehr brauchen, irgendwann?«

Draußen klapperte es. Gleich würden Gregors Stiefel auf der Treppe knallen, sein Rücken unter der braunen Weste, den grünen Kinderranzen über die Schulter geworfen. Auch Mejets Stimme hörte ich wieder.

»Noa, was passiert bei dir so?«

Ich musste einmal tief Luft holen: »Am Wochenende ist hier ein Fest, da musste ich an euch denken. Es wird tolles Essen geben, wahrscheinlich viel Lamm. Mögt ihr das? Ich esse hier manchmal Fleisch. Es ist so schade, dass wir nicht zusammen hingehen können.« Ich stellte mir vor, wie wir auf dem Asphalt tanzen würden. Wir alle drei würden die Tänze lernen müssen. »Vielleicht finde ich etwas, das ich euch mit der Post schicken kann!«

Mejets Begeisterung. »Du bist so eine gute Freund.«

»Gut*er*«, verbesserte Aseel selbstverständlich. Ich würde ihr einen Brief schreiben mit dem, was ich sofort hätte erwidern sollen: Ich kenne überhaupt keine Leute, mit denen ich sonst Fußball spielen könnte wie mit euch. Weißt du noch, wie wir das erste Mal zu dritt auf dem vergitterten Platz in eurer Straße waren?

—

Mit Ella verbrachte ich inzwischen die meiste Zeit im Auto, auf dem Weg irgendwohin, zu einer Weide, zum Einkaufen. Meine Scheu, ihr Fragen zu den Jahren vor dem Umzug zu stellen, war groß. Mit Gregor sprach ich inzwischen selbstverständlich über alles Mögliche, wenn wir gemeinsam auf dem Feld arbeiteten, oder er blieb abends in der Küche sitzen und erzählte von sich aus.

Ella raste derart, dass mir von den Kurven zum ersten Mal übel wurde. Wir fuhren mit dem Volvo und erstaunlich weit, es war der erste trübe Tag seit langem. An einem grünen Hang links von uns klebten Kühe, braun und flach wie Nacktschnecken sahen sie aus, sie hatten sich hingelegt, um Pause zu machen, oder dem Wetter gebeugt.

»Niemand hat hier Kühe.« Ella drückte ihre Zigarette aus. »Ich kenne die Leute nicht, aber alle wissen von dieser einen Herde. Sie wohnen weiter Richtung Stadt.« Sie sah auf ihre Uhr. »Wir sind so dermaßen zu spät, scheiße. Die verdammte Beulenpest.«

Über zwei Wochen hinweg hatten immer mehr eitrige Entzündungen den Körper eines Muttertiers überzogen. Trotz aller anderen Punkte auf unserer Liste hatten Ella und Gregor mittags plötzlich doch entschieden, das Tier einzufangen und die Beulen auszudrücken. Eine ganze Rolle Klopapier hatte Gregor gebraucht. Anja und ich hielten so lang die Lämmer der Mutter in ihrer Nähe und Sichtweite, damit sie ruhig blieb, während es gelb und rot aus ihr herausschoss.

»Ist das immer so? In letzter Zeit machen wir nie das, was

wir vorhatten. Es kommt immer was dazwischen.« Ich sagte nicht: Das macht mich wahnsinnig, ihr geht unter.

Ella zuckte die Schultern. »Fällt mir nicht mehr auf. Und ich hoffe ja, dass das mit dem Heu jetzt klappt. Würde schon Druck rausnehmen, wenn wir abgesichert wären. Jetzt sieht alles schön aus, aber die Wiesen sind inzwischen in null Komma nichts verbrannt.«

Ich nickte.

»Wie hast du es dir hier eigentlich vorgestellt, als du mir damals geschrieben hast?«

Ich stemmte die Hände gegen die Autodecke: »Ich dachte, hier ist das Leben einfach!«

»Wir machen eben, was wir schaffen.« Ella streckte die Lippen vor, das war ein französisches Gesicht, es war wie *bon* sagen, *bof.* Schon auf dem Markt war mir dieser Ausdruck in mehreren Gesprächen aufgefallen, Ratlosigkeit und Gleichgültigkeit in einem oder das eine als Reaktion auf das andere.

»Glaubst du, dass Sprachen über die Jahre verschiedene Faltenmuster ergeben?«

»Was?« Ella nahm die letzte Kurve nach rechts und bog zum Hof ab. Als wir über eine kleine ins Flussbett gekeilte Betonbrücke fuhren, knallte der Anhänger hinter uns, dass ich den Kopf drehte.

»Wenn Laute an unterschiedlichen Stellen im Mund gebildet werden, ist es doch nur logisch, dass dann andere Muskeln und andere Gesichtspartien involviert sind, oder? Ich frag mich zum Beispiel, ob du im Alter anders aussehen würdest, wenn ihr in Deutschland geblieben wärt.«

Ella schnaubte: »Mit Sicherheit. Aber das hätte nichts mit der Sprache zu tun.«

Sie warf mir einen Blick von der Seite zu, ich musste aber wegen der Übelkeit starr durch die Windschutzscheibe schauen und mich auf die große weiße Stallanlage vor uns konzentrieren.

»Wer weiß überhaupt, was alles anders wäre? Jade wäre vielleicht nicht da, stell dir vor.« Ella ließ den Wagen ausrollen. Ich wollte nachhaken, aber sie fluchte.

»Was ist?«

Sie deutete geradeaus auf eine nichtssagende Brachfläche neben den Ställen.

»Hier liegen sonst die Ballen für uns. Es war eh kein guter Deal, das Heu ist mindestens ein Jahr alt. Er muss es wem anders gegeben haben in der Zwischenzeit.«

Ella warf die Tür hinter sich zu und wechselte schnelle Worte mit der Frau, die mehrere Eimer beiseitestellte, die Hände an der Hose abwischte und bedauernd die Schultern hob. Ich verließ das Auto zögerlich.

»Da müssen erst neue Ballen geholt werden, das dauert. Haben wir eben ein bisschen Pause. Willst du was trinken? Maria macht auch Schorlen.« Zur Antwort nickte ich nur, es war mir peinlich, dass Ella sich auf Deutsch an mich wandte.

Ich sah Maria direkt an: »Kannst du uns die Schorlen zeigen?«

Nachdem sie uns eine Reihe kleiner Flaschen durch ein offenes Fenster herausgereicht hatte, behielt ich Cassis, und Ella zog einen Schein aus der Tasche. Maria schüttelte den Kopf.

»Es ist doch blöd, dass ihr warten müsst. Ist selbstverständlich.«

»Vergiss es. Ich weiß, wie viel die eigentlich kosten, nimm wenigstens das.« Ella konnte auf eine zwingende Weise charmant sein. Sie bezahlte und klemmte sich ihre Flasche Rhabarber unter den Arm, als sie mir voraus zum Volvo zurückging. Maria blieb beim Haus, außer ihr war auf dem Hof niemand zu sehen.

»Hättest du ihr nicht auch was geschenkt, wenn sie zu uns gekommen wäre?« Ich kannte diese kleinen Gefälligkeiten aus dem Handwerk und verstand sie als Solidarität, als Ausdruck von Fürsorge.

»Doch, auf jeden Fall. Alle machen es ständig. Aber ich mag das nicht. Ich weiß doch, wie viele Ausfälle sie haben, wir haben die gleichen. Wir müssen uns wenigstens selbst vernünftig bezahlen, also gegenseitig. Diese Schorle ist Teil ihres Berufs, kein Do-it-yourself-Spaß, verstehst du, was ich meine?«

Ich wusste nichts zu sagen, wenn das geschah: dass jemand im Gespräch von der anderen Seite auf etwas blickte und diese Ansicht plötzlich eine nachvollziehbare Wahrheit wurde. Ich wollte die Lippen vorstrecken und gleichzeitig verziehen, meinen Unmut ausdrücken, wie Ella, wie der Mann am Marktstand, die Schultern gehoben. Von weit hinter den Ställen dröhnten Maschinen, dort musste das Heu aufgeladen werden.

Ella setzte sich auf einem struppigen Stück Wiese auf den Boden. Von hier aus konnten wir auf eine Reihe extrem gesunder Kastanien hinabblicken. Vielleicht gab es diese Mottenplage hier nicht, oder ihre Schäden würden erst später im Jahr sichtbar. In Lukas' und meinem Viertel hatte es im letzten Sommer vom NABU organisierte *Hilfseinsätze* gegeben: Mit Tüten ausgestattet waren wir durch die Straßen gegangen, um befallenes Laub von den Gehwegplatten zu sammeln und wegzutragen.

Ich hatte mich zu Ella gesetzt und reichte ihr meine Flasche, damit sie sie mit dem Feuerzeug öffnete, bevor sie sich eine Zigarette anzündete. Die Rhabarberschorle in ihrer Hand hätte gut ein Feierabendbier sein können, es sah lässig aus, wie sie dort saß und vor sich hin starrte. Ich stellte die Füße breit auseinander und legte die Arme auf die Knie.

Mit der Kante der Zigarettenhand fuhr sich Ella langsam über das Gesicht.

»Seltsame Frage vorhin, das mit den Falten. Meinst du, du kommst darauf, weil du diese Sprachkurse gegeben hast?«

Ich trank einen Schluck und stellte die Flasche auf den Boden.

»Vielleicht. Obwohl es da nichts gab, was mir auf diese Weise aufgefallen wäre, weil sowieso alle andere Sprachen oder mindestens Dialekte gesprochen haben.« Ich überlegte, ob ich sie nach einer Zigarette fragen sollte, entschied mich aber dagegen. »Ich weiß im Nachhinein wirklich nicht, ob das Angebot sinnvoll war. Es war alles ganz schön provisorisch.« Ich dachte an Aseel, die jedes Mal die Erste gewesen war und sich in meiner Gruppe nach wenigen Wochen gelangweilt hatte. Für die restliche Zeit, die sie auf einen Platz im Intensivkurs warten musste, hatte sie die Gruppe wechseln dürfen. Weil die beiden sich nicht trennen wollten, war Mejet mit ihr gegangen. Nach den Stunden übten sie zusammen, das hieß: Aseel wiederholte für Mejet den Stoff. Einmal hatte ich sie gefragt, ob er nicht zurückwechseln sollte: *Du übernimmst schon alles Mögliche für ihn, ist das nicht für euch beide zu viel Stress, also für dich?* Da hatte sich ihr Blick verändert. *Er muss einfach viel über andere Sachen nachdenken.*

»War das auch so ein Freiwilligending?«

Ich nickte und sah ins Gras. Zuhause würde ich mich endlich an die Karte für Aseel setzen. Ich zupfte einige feste, beinahe harte Halme ab.

»Redest du nicht gern drüber?« Ella blies Rauch in meine Richtung.

»Ach. Es ist eher ... Kennst du das, wenn du im Reflex etwas denkst, das du selbst schrecklich findest?«

Sie runzelte die Stirn. Ich traute mich nicht, winkte ab.

»Ich habe dort jedenfalls aufgehört, eine Weile bevor ich hergekommen bin. Ich war nicht geeignet, also, ich glaube, ich durfte diese Arbeit nicht machen.«

Ella sagte nichts. Ich holte noch einmal Luft und sprach dann sehr leise.

»Ich hatte auf der Straße Angst vor Anschlägen. Ich hab Leute verdächtigt ... Männer, die den Schülern in meinem Kurs oder Freunden von mir genauso ähnlich sahen wie irgendwelchen Terroristen in den Nachrichten: im Einzelnen gar nicht. So ein dummes Klischee. Sehen wir uns ähnlich?« Ich deutete zwischen Ella und mir hin und her, ich hatte furchtbar kalte Hände, obwohl ich schwitzte. »Das ist mir immer noch unangenehm.«

Dass Ella nickte, irritierte mich.

»Und dass ich rassistische Gedanken nicht ungeschehen mache, indem ich sie selbst scheiße finde, weiß ich auch so. Ich würde es nur gern irgendwie wiedergutmachen.«

Ella drückte die Zigarette aus. »Aber das bekommt in der Situation doch niemand mit, oder?«

»Keine Ahnung. Es bekommt niemand mit, aber es ist trotzdem da.«

»Aber was soll dann überhaupt wiedergutgemacht werden?«

»Ich tue ihnen ja trotzdem unrecht. Wie wird man diese ersten Bilder los? Am liebsten würde ich sie mir aus der Hirnrinde schneiden. Einfach schälen, die Rinde ab. Zack.« Mein Lachen geriet freudlos.

Ich spannte einen der wenigen grünen Halme zwischen die Daumen, um darauf zu pfeifen. Dabei drückte ich zu fest oder zog zu schnell, der Grashalm schnitt in die Fingerkuppe, sofort trat Blut aus.

Ella wandte den Kopf. »Ah, Mist. Warte.«

Sie stand auf und ging ein paar Schritte von mir weg, bückte sich und kam mit einem Büschel zurück, das sie sich plötzlich in den Mund steckte. Sie kaute darauf herum. Wieder neben mir, ging sie in die Hocke, zog meine Hand zu sich. Ihre Handfläche lag rau unter meiner. Es war vielleicht überhaupt das erste Mal, dass sie mich berührte. Mit dem Daumen trug sie die zerkauten Blätter vorsichtig auf der Wunde auf. Es kühlte. Ich sah ihr ins konzentrierte Gesicht, so hätte auch Jade mir gegenübersitzen können, in unserer Hütte oder an einer anderen geheimen Stelle. Vielleicht hatte Jade sogar bereits davon erzählt.

»Ist das Spitzwegerich?«

Überrascht sah Ella auf.

»Ja. So heilt es schneller. Ich habe es Jade gezeigt, schon vor langer Zeit. Am Anfang hat sie absichtlich in Dornen gefasst, damit ich sie verbinde.«

Wir lachten.

»Verstehe ich. Danke.«

»Das musst du jetzt einfach fünf Stunden drauflassen, dann wird alles gut.« Ella drückte sich vom Boden hoch und drehte sich zum Auto. »Spaß. Ich hole dir ein Pflaster.«

Ich sah auf den grünen Brei auf meinem Finger. *Was soll dann überhaupt wiedergutgemacht werden?* Ich.

5

Am Samstag waren Leinen zwischen die Häuser gespannt worden, an denen jetzt Wimpel aus bunten Stoffen hingen. Das Fest stand der Stadt noch bevor, die Straßen wirkten so sauber, als würden sie nicht benutzt werden, sogar die Fensterbretter schienen abgewischt worden zu sein, wie poliert. Man konnte den Fluss bis hierher hören, so still war es noch. Jade öffnete nicht einmal ihren Gurt.

»Jemand muss bei den Lämmern bleiben. Es ist zu früh«, maulte sie durchs offene Fenster, niemand konnte so verquollen und müde aussehen wie sie. Wenn wir sie ließen, schlief sie an den Wochenenden bis mittags, wie eine, die einen Rausch auszuschlafen hatte.

Nicht nur mich hatte es in Festtagsstimmung versetzt, in Stadtkleidung zu steigen. Vor einigen Wochen war mir zum ersten Mal aufgefallen, wie wir uns dadurch veränderten. Anja und mir konnte man an Markttagen ansehen, dass wir uns normalerweise in städtischen Umfeldern bewegten. Auf dem Acker kamen die Unterschiede anders zustande: Fand jemand es warm genug für eine kurze Arbeitshose, während ich Fleece trug; wessen Schuhe waren besonders verkrustet; wer hatte offenbar vor kurzem an der Böschung hinter der Straße gearbeitet, die so stark staubte; wer hörte auf die Wettervorhersage und band eine Jacke um, obwohl die Wolken ganz hoch und luftig standen.

»Na komm, hilft ja nichts.« Ich hatte sie abgeschnallt und hielt ihr die Hand hin, damit wir endlich Ella und Gregor zum Marktplatz folgen konnten. Sie fügte sich und nahm die Hand tatsächlich.

Die Gassen lagen immer noch im Schatten, mit dem Wind fuhr uns die Kühle in die Jacken. Jades Schritte klatschten immer wieder auf dem Asphalt und wurden von den dicht stehenden Häusern zurückgeworfen. Sie zeigte mir im Gehen Schrittfolgen aus dem Volkstanz, den sie die ganze letzte Woche in der Schule gelernt hatten.

Aus der schäbigen Bar am Marktplatz roch es jetzt nach Kaffee, die meisten Stände waren schon aufgestellt, überall klapperten Kisten, piepten die Autos im Rückwärtsgang, rief jemand zielgerichtet Wörter, kurze Sätze. Ella und Gregor hatten die Klapptische bereits gefüllt und bereiteten die Probierstücke vor. Die Kühlanlage des Käsewagens lief. Jade und ich wurden gegrüßt und grüßten zurück.

Ein Mann, den ich noch nie gesehen hatte, legte Blumenkränze und Kräuterbündel auf seinen Tisch. Ein Stück neben Ella und Gregor stand eine junge Frau im gehäkelten Cardigan, vielleicht in meinem Alter. Es zog uns zu ihr, unklar, ob ich Jade oder sie mich lenkte. Über den Tisch der jungen Frau verteilt lagen hauptsächlich bemalte Holzfiguren. Als wir näher kamen, legte sie etwas Schmuck aus kleinen Kästchen dazu und Federn, die man an den Haaren feststecken konnte. Immer wieder beugte sie sich zurück und verschwand fast im Kofferraum ihres staubigen Bullis. Jade hielt sich eine der Federn an die Haare, hob sie mir an den Scheitel. Ich war von den Figuren auf dem Tisch abgelenkt, die Fratzenhaftes darstellten, Fabelwesen oder kleine Elfen, die sich in ihrer Machart stark unterschieden. Auf eine Weise waren sie allesamt entstellt. Jade tippte einem dieser Wesen mitten ins verzerrte Holzgesicht.

»Die gibt es nur heute hier, an anderen Tagen sieht man sie nicht«, fing sie an, ohne dass ich fragen musste. Sie löste ihre Hand aus meiner. »Das hat mit dem Fest zu tun.«

»Oh, erklär mir das!« Ich beugte mich tiefer über eine Figur. Ein Männerkopf mit übertriebener Mähne saß auf den Schultern dieses Wesens. Unter einem glatten Oberkörper waren seine Beine wieder ganz von struppigem grauem Fell überzogen. Sie mündeten in Hufen. Die starken Knicke dieser Beine ließen das Wesen auf den ersten Blick lustig aussehen, wie beim In-die-Knie-Gehen, aber das täuschte. Es hielt den Oberkörper vorgelehnt und einen gewundenen Stab hoch über dem Kopf, es war zum Angriff, zum Schlag bereit.

»In der Schule macht man nur in der ersten Klasse was darüber.« Jade umschloss eine kleine Figur mit der Hand, die wie aus einer Zeichentrickserie herausgelöst wirkte. Sie verschwand völlig in ihrem Griff, und einen Moment war ich mir nicht sicher, ob Jade sie stehlen würde. Ich blickte mich um, die Standfrau suchte noch immer etwas im Kofferraum.

»Das ist so Kram zum Winter-Vertreiben oder so. Wie an Halloween? Ich glaube, die Geschichte geht so, dass diese Typen Kinder holen. Nicht alle, aber die Kinder, die im Frühjahr noch traurig sind. Es macht sie wütend, dass noch jemand schlechte Laune hat, obwohl die Natur wieder aufsteht, und dann kommen sie und schnappen dich.«

»Wie fies!«

Jade zuckte mit den Schultern. »Ich find's echt bescheuert.« Sie stellte das Wesen zurück und interessierte sich wieder mehr für die Federn, Reifen und Bänder. Ich spürte, wie sie mich von der Seite ansah, vielleicht schätzte sie die Chancen ab, dass ich ihr etwas kaufen würde. Statt mich zu fragen, schlenderte sie schließlich davon.

»Ich geh schon mal weiterschauen, bevor die ganzen Touris da sind«, rief sie über die Schulter.

Ich konnte mich noch nicht lösen und strich den Figuren über die Köpfe, dem Hufmann durchs Fell, das nicht weich war, sondern unangenehm auf der Haut, aber das passte.

»Möchtest du einen?« Sie war von hinten an den Tisch getreten und stand mir jetzt direkt gegenüber.

»Danke.« Ich schüttelte den Kopf. »Gibt es den Brauch noch? Mit Verkleidung und allem? Die stehlen doch nicht wirklich Kinder.«

Sie lachte. Vielleicht hatte ich eine Vokabel vertauscht oder die Satzstellung. Mit Ella, Gregor und Jade dachte ich nie daran, dass ich nicht aus der Gegend war. Ich musterte sie. Mir fiel das breite hellrote Zopfband auf, vielleicht aus Samt, das den Haarknoten oben auf ihrem Kopf zusammenhielt.

»Also, meine Großmutter wurde einmal weggeschleppt, als sie noch ein Kind war. Davon hat sie uns jedes Jahr erzählt. Aber, ganz ehrlich, wir wussten immer, dass sich längst niemand mehr die Mühe macht.«

Ich strich eine der Federn glatt, die sich auf dem Tisch quer zu den anderen gelegt hatte.

»Und wie war es?«

»Was?«

»Für deine Großmutter. Wo wurde sie hingebracht, was ist mit ihr passiert?« Kurz stockte ich. »Warum war sie überhaupt traurig?«

»Du hast viele Fragen.«

Als ich aufsah, trafen sich auf Anhieb unsere Blicke. Amüsiert sah sie aus, und eine Weile schien sie zu zögern. In den Augenwinkeln konnte ich sehen, dass der Marktplatz sich füllte, bald müsste ich an den Stand. Anja hatte angekündigt, dass sie nach dem Aufbau das befreundete Paar treffen und erst abends auf den Hof zurückkommen wollte.

»Meine Großmutter, also, Mamie hat das öfter, dass sie in Stimmungen fällt. Ich kann mir vorstellen, dass sie auch als

Kind …« Anstatt den Satz zu beenden, zog sie die Mundwinkel nach unten. Ich musste lachen. Sie sprach nicht weiter und wischte Pollen von der Tischdecke, als sei das Gespräch beendet. Ich hob die Augenbrauen.

»Na, jedenfalls kamen plötzlich ein paar Typen in die Küche. Einer hat sie genommen und sie über seine Schulter geworfen. Es waren wohl mindestens drei oder vier, Mamie war überzeugt, dass das Fremde waren, das hat sie jedes Mal betont, *nicht von hier*. Aber alle hier wissen, dass das ein Job für Onkel und Nachbarn ist, wie der Weihnachtsmann.« Sie hob die Hände.

»Wie heißt du?«, fragte ich.

»Lisanne.« Lisanne lehnte sich an die Kante ihres offenen Kofferraums. Sie saß dort, als hätte man sie aus einem der Lieblingsbilder meiner Chefin – das Bild einer Hirtin am Brunnen – geschnitten und mir gegenüber auf die graue Plastikverschalung gesetzt.

»Mamie wurde von den Männern in den Wald geschleppt. Sie hat uns immer vorgemacht, wie die dabei gebrüllt haben. Alle waren verkleidet, ein bisschen wie dieser«, sie deutete auf den Hufmann, »ziemlich viele Haare überall, nur die Hufe konnten sie natürlich nicht gut imitieren.« Lisanne hielt inne. »Über der anderen Schulter des Mannes hing ein Lamm, vielleicht war das Teil der Verkleidung. Das baumelte da, mit dem Kopf nach unten. Mamie hat behauptet, das sei fast so groß gewesen wie sie selbst und dass sie den Tod aus der Schnauze riechen konnte. Wie nah die beiden sich da gewesen sein müssen auf dem Rücken von diesem *mec*. Makaber, so was. Na ja, Folklore.«

Ich hielt die Hand vor den Mund, aber das tat ich eher für Lisanne und vielleicht für mich, nicht wegen der Geschichte. Wie sehr konnte sich ein Mädchen, das in der Gegend aufgewachsen war, vor einem toten Schaf gefürchtet haben?

»Und dann?« Langsam ließ ich die Hand sinken. Lisanne öffnete den Mund, aber jemand trat neben sie. Der Mann vom Kräuterstand bat darum, dass sie ihren Bulli ein Stück versetzte. Sein Dialekt, der der Dialekt der Gegend war, störte mich auf einmal so sehr, dass ich ihm am liebsten mit einer Hand die Wangen zusammengezwungen hätte, die die Vokale so in die Breite zogen. Lisanne wechselte ein paar Worte mit ihm.

»Hör zu, wie lang wirst du hier sein? In ungefähr zwei Stunden kommt meine Schwester und löst mich ab. Es gibt ein Stück, das ich gern sehen will.«

Ich lächelte und trat ein paar Schritte vom Stand zurück. »Ich arbeite dort.« Ich zeigte hinüber zu Ella und Gregor, die bereits gut zu tun hatten. »Oder du sagst mir, wo ich hinkommen soll.«

Am Rand des Platzes wurden erste Geigen gestimmt, ich konnte ein Akkordeon hören, jemand spielte sich warm.

—

Mittags kränkte mich das Erstaunen in Ellas Blick. War sie erstaunt, weil ich Leute kennenlernen konnte oder weil ich am Fest und an den Tänzen teilnehmen wollte oder weil ich in der Spiegelung der größten Konservengläser kurz mein Aussehen prüfte? Sie hatte mir einen Schein in die Hand gedrückt, als wäre ich ihr Kind.

»Klar kannst du feiern. Geh ruhig. Aber wäre gut, wenn du an die Lämmer denkst. Und kannst du noch kurz den Wagen umsetzen, wahrscheinlich steht der inzwischen in der prallen Sonne, nicht, dass die Kleinen anfangen zu kochen. Es gibt da diesen Schattenparkplatz. Jade kommt mit, sie ist bei einem Workshop dort in der Nähe angemeldet.«

Die Hitze staute sich mittlerweile zwischen den Häusern,

die Menge schien von überall her immer weiter auf den Marktplatz zu wachsen. Die Tanzenden, die schon seit Stunden in Paaren ausgelassene und doch organisierte Kreise zogen, schwitzten. Vielleicht machte mich ihre ununterbrochene Bewegung nervös. Es war nur noch wenig Platz auf dem Markt, viel Stoff, viele harte Körperteile. Es könnte ein Problem mit dem Atmen … Ich hätte uns einen Weg möglichst am Rand gesucht, Jade aber ging mitten zwischen den Leuten. Ich atmete tiefer und fokussierte zur Sicherheit Details. Es tanzten viele Kinder mit, Jade erwiderte hin und wieder einen Gruß, höflich und verlegen. Wie Jade kannten sie die Schritte, aber der Blick auf ihre Füße bot mir nicht genug Halt.

Ich entdeckte einige Bekannte von Ella und Gregor, einer von ihnen spielte Geige mit glühendem Gesicht. Überhaupt schien, wie wenn man alle Energie in der Körpermitte bündelt und den Bauch anspannt, die ganze Gegend hier versammelt zu sein. Wie leer und still die Dörfer und Höfe in den Nachbartälern liegen mussten.

Eine Gruppe junger Männer stand eng beisammen, fünf waren es, fünf ganz unterschiedliche Männer, das sah ich und wusste ich, aber sahen sie nicht weniger ausgelassen aus, unsicher? Sofort konzentrierte ich mich auf die Musik, folgte nur ihr, versuchte, in den immer wieder wiederholten Melodien die Instrumente zu unterscheiden.

Sie sahen nervös aus, aber was hätte sie nervös machen können? *Nicht* zu ihnen zu sehen gelang mir nicht, die Instrumente, das Auseinanderhören, nur die schraubende Geige stach heraus: aufdringlich hoch über allem. Ich konzentrierte mich, und trotzdem musste ich diese Männer, sie schoben sich, vielleicht fünfzig Meter von uns entfernt, mit dem Blick musste ich, sie zu sehen, zu fixieren, eine Absicherung, hier durfte nichts geschehen, es waren so viele Menschen hier, hier würde nichts, es ist, einatmen und wieder ausatmen, ein und aus, alles normal. Durch die Menge schoben sie sich wie auf ein Ziel, schoben sich zu auf etwas, was wäre ein solches Ziel und was, wenn einer jetzt mit der Hand zur Tasche: Ich musste die Bewegung ihrer Köpfe zwischen den Tanzenden fixieren, wie gegen meinen Willen, als könnte ich etwas verhindern, indem ich es sah. Als wären *sie* das Problem, nicht ich: Aber wie das aus dem Kopf wischen, es wegschneiden? Ich verlor Jade aus den Augen. Drehte mich, der verdammte Reflex, auf den Zehenspitzen zwischen den wirbelnden Körpern, offen stehenden Mündern, all den im Licht blendenden Schöpfen und fliegenden Händen, drehte mich nach den Männern um, ihre Bauchgegenden auf Ausbuchtungen kontrollieren, Beulen, drehte mich, und die Luft passte nicht mehr in die Ritzen zwischen den Tanzenden, sie verdichteten sich um mich, würden sich über mir zusammen, schoben sich ineinander, vor dem Knall, kurz vor der Explosion würden sie, würde die Decke sich über mir schließen.

Da lag eine kühle glatte Fläche, Jades Hand in meiner, rechtzeitig. Sie zog mich weiter. Ich sah auf ihren schmalen Rücken, während wir uns zwischen den Körpern vom Platz schoben. In der Enge der Gassen lag schwerer Dunst. Wäre den Leuten Dampf aus den T-Shirts gestiegen, ich hätte mich nicht gewundert. Aber ich hatte den Kopf weit genug oben, an der Luft. Ich sah zurück.

Die Männer reichten die Hände über Karims Markttisch, schlugen ein zum Gruß. Einem von ihnen legte Karim die Hand auf die Schulter, und damit ordnete er sie mir ein. Sie gehörten zu ihm, einem mit Körben von Zwiebeln, Salat und heimlich zugekauften Zucchini. Ich hätte das niemandem sagen können, dass ich sie noch immer in einer Ordnung brauchte. Dass es mit dem Geständnis, das ich Ella gemacht hatte, noch nicht getan war, dass es so einfach nicht –

Ich hätte mich vor sie stellen und warten müssen, bis einer mich beschimpfte: *Was zur Hölle starrst du?* Mit erhobenen Händen, ich: *Es ist mein Fehler, dass ihr nicht für euch steht.*

Ich nahm den Schlüssel aus der Hosentasche und hielt mich daran fest. Wir hatten den Treppenaufgang zu der Straße erreicht, an der das Auto stand. Oben warf sich Jade auf die Rückbank, sobald die Tür entriegelt war. Sie beugte sich über den Käfig, der zwischen den Sitzen hinten im Bulli klemmte. Ich setzte mich auf den Vordersitz, legte die Hände aufs Lenkrad und schloss einen Moment die Augen, das Lederimitat glühte. Mir flirrten die Glieder nicht mehr so stark. Nur das Plärren kam mir näher vor, als es sein konnte. Als säßen mir die Lämmer auf dem Schoß, auf den Schultern, als stünde eines mit den Hufen auf der Schaltung und würde die Schnauze in meinem rechten Ohr versenken.

Am Abend hatte es komplizierte Überlegungen gegeben, über denen Jade ganz in Verzweiflung geraten war. Die Tiere mussten fünfmal am Tag mit der Flasche gefüttert werden, bis wir ganz auf Kraftfutter umstellen würden, aber niemand wollte auf dem Hof bleiben. Irgendwann hatte ich vorgeschlagen, ihre Fläschchen, einen Campingkocher, das Thermometer und sechs Liter Milch in eine Reisetasche zu packen, das würde für drei Runden reichen, wenn wir die Flaschen nicht ganz füllten.

»In so einem Käfig ist eigentlich zu wenig Platz für sechs Lämmer, oder?«, hatte Anja abends beim Zähneputzen gefragt, mit einer Stimme, deren Ton verschwörerisch oder sorgenvoll klang. Beim Ausspucken hatte ich eine schmale rote Linie im Schaum fixiert. »Bevor jemand alle paar Stunden heimfahren muss.«

Der Schattenparkplatz über dem Fluss lag etwas versteckt, sodass wir dort hoffentlich noch einen Platz finden würden. Ich wusste, dass die Parkfläche zwischen Häusern und niedrigen Mäuerchen eingekeilt war, deshalb startete ich den Motor nur ungern und gegen Widerstand. Immer wieder musste ich bremsen, weil es mir plötzlich zu schnell ging, hatte ich Sorge, es könnte mir jemand ins Auto laufen, der Wagen stockte mit meinem ruckenden Fuß. Jade sprach hinten beruhigend auf die Tiere ein. Ich hörte ihre Worte wie an mich gerichtet. Vertiefte das Atmen beim Schalten. Schritttempo konnte ich fahren, Schleichtempo, Atemtempo, und als der Platz näher kam, konnte ich die Vorstellung sogar ignorieren: die umstehenden Gebäude, wie sie sich aufeinander zu bewegten, wie Hausecken in unsere Schädel drangen, wie wir dazwischen stecken blieben.

Ein Außenspiegel geriet an eine der Wände. Es knirschte und schabte, über dem Geräusch wurden die Lämmer stumm, oder ich konnte sie nicht mehr hören. War denn das Schaben so laut? Nichts brach. Der Wagen rollte, langsam und in die richtige Richtung, den Schotter unter uns spürte ich in den Füßen. Ich sah in den Rückspiegel. Sie hatte es natürlich gehört. Aber Jade sah nicht beunruhigt aus, nicht einmal vorwurfsvoll. Sie lächelte mir ins Gesicht und wusste nicht, wie dankbar ich ihr war.

»Ich glaube, in der Ecke da ist am meisten Schatten«, sagte sie.

Ich drehte mich zu ihr. Sie zog die Finger aus den Stäben, um nach vorn zu deuten.

»Können wir Elmo kurz rausholen?«

»Warte einen Moment.«

Als ich eingeparkt hatte, kontrollierte ich noch einmal den Abstand zu den Autos rechts und links von uns und stellte dann den Motor aus. Jade summte auf der Rückbank. Einen schönen Moment lang füllte ihr Summen den Wagen ganz aus. Ich ließ die Schultern sinken. Obwohl niemand auf der Straße war, fühlte ich das Fest von außen gegen die Scheiben drücken. Sobald wir ausstiegen und ein Stück gingen, würde sein Menschengelee sich wieder um uns schließen. Bis zu Lisanne würde ich mich nicht vorkämpfen können. Ich blieb sitzen.

»Was ist?«

»Ich muss einen Moment durchatmen. Das war ganz schön eng.«

»Ah. Ja. Klar.« Jade steckte wieder die Finger zu den Lämmern hinein. Der Gedanke an Karims Freunde oder Bekannte oder Mitarbeiter auf der anderen Seite des Platzes ließ sich nicht vertreiben, an die Gründe für ihre Nervosität: weil sie sich von solchen wie mir gemustert wussten, weil sie fast niemanden hier kannten, weil sie schüchtern waren; es gab so viel mehr mögliche Gründe. Vielleicht hatte die Ankunft bei Karim, das Einschlagen, sie ähnlich erleichtert wie mich. Vielleicht hatte ich sie auch falsch gelesen, und sie waren nicht unsicher, sondern konzentriert auf der Suche nach seinem Stand oder dem schnellsten Weg durch die Menge.

»Mach dir keine Sorge wegen dem Auto. Papa hat mal unseren Traktor geschrottet, der konnte nicht bremsen und ist eine Böschung runtergefahren.« Jade kicherte. »Ich stell mir das so lustig vor, wie er einfach umgekippt ist!«

Irgendwann konnte ich mich langsam nach draußen schieben und die hintere Tür öffnen. Sofort schrien die Tiere wieder drängender, so weit reichte ihre Intelligenz: zu ahnen, dass das Geräusch etwas bedeutete.

»Du, findest du allein zu deinem Kurs? Ich bleibe hier.«

Jade nickte. »Aber ich will jetzt noch mit füttern, das darfst du nicht ohne mich machen!«

Aus einem Fenster lehnte ein älterer Mann, im Unterhemd, eine Tasse Kaffee in der Hand, aber keine Zigarette. Auch an seinem Haus war eine Girlande befestigt. Er grinste. »Wie viel? Sind sie zart?«

Jade schrie erbost etwas auf Französisch zurück, das zu schnell für mich war. Ich wäre gern mit ihr gegangen oder hätte etwas in meinen Taschen gefunden, das ich ihr in die Hand legen könnte, ein Bild für das Überschwängliche, das ich hier, im Staub des Parkplatzes, ihr gegenüber fühlte: Ich hätte Jade stundenlang zuhören können und sie in allem bestätigen wollen wie seit Wochen nicht.

—

»Dass Jade sogar getanzt hat. Wäre vor deiner Zeit nicht passiert, Noa.« Gregor tippte auf das abgegriffene Heft auf der Armatur, in das er sonst den Bestand der Konserven, aber auch Rezepte und Telefonnummern schrieb. »Ich sammle schon alles, was ich an deinem Achtzehnten den Leuten erzählen werde. Ich hau dich ein bisschen in die Pfanne.«

Ich grinste, aber Jade kickte von hinten gegen den Fahrersitz. »Dann lad ich dich nicht ein!« Bei der Bewegung traf sie mich versehentlich mit dem Ellenbogen in die Seite.

Anja hatte den C15 leihen dürfen. Jade und ich mussten uns im Bulli einen Sitz teilen, neben uns stapelten sich Marktkisten und Tische, dahinter waren die Lämmer. Ich zog Jade an mich, bis wir wieder übereinanderpassten, und flüsterte neben ihrem Ohr: »Ich hab meinen Vater auch nicht eingeladen, das muss man nicht machen. Man kann mit dem einfach mittags Kuchen essen.«

»Was redet ihr da?« Gregor drehte den Kopf zu uns. Ella saß unbeteiligt neben ihm und wiegte sich. Sie hatte die CD eines Bekannten gekauft und jetzt, was sie sonst nie tat,

Kopfhörer aufgesetzt. Sie schnitt eine Nektarine auf und hatte ein Tuch über ihre Beine gelegt. Der Fruchtsaft tropfte ihr von den harten, abgearbeiteten Händen auf das Tuch. Sie lachte über etwas, das wir nicht hören konnten, und ich sah, wie Gregor erstaunt zu ihr hinüberblickte, dann ebenfalls lächelte. Ella reichte ihm ein Stück. Weil er die Hände am Lenkrad hatte, hielt sie es ihm vor den Mund, er nahm es mit den Zähnen. Dann wischte sie sich die Hand am Tuch ab und legte sie ihm in den Nacken.

»Außerdem hat er ja recht, du hast schön getanzt, die Übung im *cours* hat was gebracht«, raunte ich wieder in Jades Richtung. »Ich konnte dich vom Auto aus sehen.«

»Was?«

»Es sah aus, als hätte es dir gefallen. Da wollte ich glatt noch mitmachen.«

»Hast du aber nicht.« Jade rutschte auf meinen Beinen hin und her, wie um mich mit ihren Knochen zum Schweigen zu bringen. Hatte ich nicht. Ich hatte in der stickigen Luft im Bulli zu schlafen versucht und mich dann unterhalb des Parkplatzes an den Fluss gesetzt, an dem es still war, um von dort aus Gedanken in Lisannes Richtung zu schicken, Ketten von Entschuldigungen, Selbstanklagen und Eingeständnissen. Was ich nicht konnte, was ich *tat*. Dabei hatte ich Lisanne vor mir gesehen, gleichzeitig allein, wartend, und als Tanzende umringt von Tanzenden, neben mir im Kies, wie sie meine Erklärungen unterbrach und meine Haare im Nacken zum Zopf zusammennahm und ein breites Band darumzog, nicht rot wie ihres, sondern in einem klaren Blau, das von meinem Kopf herunter in die Gegend geleuchtet hätte.

»Du bist an meinem Geburtstag noch da?« Wieder stellte Jade eine Frage so, dass es wie eine Aufforderung klang. Wir näherten uns bereits dem Haus, heute aus einer anderen

Richtung als sonst. Gregor hatte die übliche Strecke gemieden, weil so viele Menschen vom Fest nach Hause fuhren oder gerade erst dorthin.

»Deinem Achtzehnten? Das ist unwahrscheinlich.«

»Dem nächsten. Ich hab dir doch gesagt, wann der ist.«

Gregor wandte wieder den Kopf und sah zu uns, mitleidig, und ich wusste nicht: Mitleid für wen? Durch die Windschutzscheibe sah ich eine der Katzen auf dem Briefkasten an der Auffahrt sitzen. Ich konnte Jade nur noch einmal an mich drücken und gleichzeitig sagen: »Ich glaube, das geht nicht. Ich muss wieder Geld verdienen, spätestens nach dem Sommer. Und meine Freunde sehen.«

»Die können doch herkommen«, murmelte sie, dass es fast nicht zu hören war.

Als Gregor oben den Motor abstellte, rutschte sie sofort von meinem Schoß. Sie musste sich mit vollem Gewicht gegen die Schiebetür lehnen, bis sie aufging. Mit einem großen Satz sprang Jade nach draußen, erst dann drehte sie sich um und mir ihr Gesicht zu, das nun über die Situation schon wieder erhaben war.

»Ich dachte, du hast immer Angst da. Hast du doch gesagt. So wie heute, da war auch was, oder? Ist doch dann viel schlauer, bei uns zu bleiben.« Sie sagte es laut und wie für Ella und Gregor.

—

Auf der Straße im Dorf würde der Empfang etwa in Sichtweite der Kurve bei der Kirche abreißen, deshalb wagte ich mich nicht über die Brücke. Merle ans Ohr gedrückt, ging ich vor der Mairie auf und ab, im Wissen, dass es die Leute im Ort befremdete, wenn hier mitten am Tag und außerhalb der Ferien eine deutsch ins Handy sprach. Die letzten Male hatten wir uns wenig Zeit genommen. Während ich meine Schuhspitzen beim Gehen beobachtete, fiel mir plötzlich auf, dass ich seit einer Weile zuhörte und dass das ungewohnt war. Zuletzt waren die Redeanteile zwischen Merle und mir immer andersherum verteilt gewesen.

»Wie ist es denn bei dir, Noa?«

Ich fasste mit einer Hand nach der Stange der Bushaltestelle. »Das Fest hätte dir sehr gefallen. Jade hat einen Tanzworkshop gemacht, und ich habe die erste Person in meinem Alter kennengelernt. Aber erzähl lieber du. Vielleicht noch kurz, wie es mit dem *boy* weitergegangen ist?«

Merle lachte. »Da gibt's nicht mehr viel zu erzählen. Er hat plötzlich davon angefangen, dass *man* in Beziehungen das Gefühl aus dem Mutterleib suchen würde. Das hat er in irgendeinem Artikel gelesen – ich stelle mir vor: auf dem Klo. Er hat mir ganz strahlend erzählt, dass *wir*«, Merle betonte das Wort, ich sah sie wütende Anführungszeichen in die Luft machen wie meist bei Verallgemeinerungen, »unser Gegenüber wie die Plazenta um uns legen wollen, damit es uns nährt und alles filtert – das fand er dann ganz extrem lustig. Hat gesagt, ich solle keine Angst haben, er halte mich nicht ausschließlich für eine Plazenta.«

Ich stellte mir Merle vor, wie sie die Arme rot und überlang, eher Eierstöcke als Mutterkuchen, jemanden um die Schultern legte, wo sie, pulsend und verschlungen, weiterwuchsen. Wenige Tage zuvor hatten Gregor und ich die Nachgeburten mehrerer Schafe zur zentralen Müllstelle des Tals gefahren, *wo sollen sie denn sonst hin.* Zuerst hatten sie auf der weißen Motorhaube gelegen wie Geschwüre.

Ich musste lachen: »Weißt du, was Jade richtig gern isst? Leber.«

»Toll, Noa.«

»Nein, im Ernst, das Bild ist heftig.«

Merle sog Luft ein.

»Ja. Außerdem hat er jede Woche eine neue Theorie zu so was, und mit keiner bin ich je einverstanden. Wie gesagt, das ist nichts mit ihm. Das geht alles zu weit auseinander.«

Es entstand eine Stille. Meine Arbeitsschuhe, härter als normale Schuhe, knirschten auf dem porösen Asphalt, das Geräusch hallte vom Stein der Gebäude wider.

»Tut mir leid für dich.«

»Ich glaube, es ist okay.«

Die Frau von der Bäckerei kam auf dem Fahrrad heran, sie war die Einzige, die ich je Rad fahren sah. Dicht hinter ihr folgte ein Mercedes. Mit diffusem Schrecken erkannte ich das Auto: Jeden Abend stand es irgendwann unter der Zeder vor dem Haus, mit dem größtmöglichen Abstand zum C15, jeden Morgen verschwand es. Vor meinem Umzug in den Wohnwagen hatte ich wenige Male durch Jades Fenster den geraden Scheitel der Nachbarin gesehen, wie sie aus dem Haus trat und sich in dieses Auto schob, nicht ohne auf dem Weg den Kopf zu schütteln. *Wenn die Nachbarin kommt, ruf die Hunde zu dir, vor allem WolfZwei.* Jade wollte mir nicht sagen, was mit dem ersten Wolf geschehen war – vielleicht wusste sie es selbst nicht. Ich konnte mir schwer vorstellen, wie jemand diesen Satz zu ihr sagte: *Du bist zu jung, das ist nichts für dich.*

»Ich wollte dich noch was fragen, Merle.«

Als könnte mich das tarnen, drehte ich mich von der Straße der Mairie zu.

»Bist du noch da?«

»Ja.«

Merle atmete wieder geräuschvoll aus, vielleicht rauchte sie.

»Ich habe darüber nachgedacht, ob ich nicht eine Telefonpause mache. Also ich spreche gern mit dir, und mit dir hat es auch nichts zu tun, ich habe nur das Gefühl, die Panik kommt eher, je mehr ich mit euch spreche.«

»Hattest du es wieder, *shit*.«

»Ist nicht so wichtig, wirklich.«

»Ich hab damals schon gedacht: krass, dass du ausgerechnet nach Frankreich gehst.«

Ich schnaubte.

»Sorry, das war blöd. Wenn es hilft, können wir das jedenfalls machen, klar.«

Kein Vorwurf, keine Kränkung. Dass Merle regelmäßig anders reagierte, als ich es erwartete, beruhigte und beunruhigte mich gleichermaßen.

»Ich will es nur ausprobieren, vielleicht können wir zwei, drei Wochen nur Mails schreiben?«

»Ich sehe den Zusammenhang noch nicht, aber wir können es versuchen, ja.«

Wieder schwieg Merle, ich spürte, dass sie noch nicht fertig war, wusste aber nicht, in welche Richtung es gehen würde.

»Nur eins ist klar: Ich komme zu dir, sobald ich frei habe.«

6

Der Schnitt sah einfacher aus, als ich gedacht hätte. Die Klinge fuhr geräuschlos tief in die Haut, Gregor zog das Messer in einer einzigen Bewegung langsam quer über den nach hinten gestreckten Hals. Die Kehle des betäubten Tieres bildete die Mittelachse und wurde von der triefenden Querlinie jetzt in zwei Hälften geteilt.

Jade stand neben mir und beobachtete alles genau. Sie bebte vor Aufregung und hatte ihre Hand in meiner. Es roch nach Eisen und dem Atem des Tieres. Gregors Knie, mit denen er es festgehalten hatte, mussten wehtun, die Gliedmaßen des Schafes zuckten noch immer. Es war tot, das Rot aus seinem Hals verdarb das Frühlingsgras und floss auf Jades Schuhe zu.

Gregor beeilte sich, es sah mühsam aus, wie er aufstand. Erneut zog er die Klinge durch die Haut, dieses Mal entlang des Bauchs, unter dessen Decke es zuckte. Immer hektischer zuckte es, er zog die Haut auseinander, stemmte sich dagegen, bis der Spalt weit genug war, und griff hinein. Mit beiden Armen langte er in das Tier. Er hatte den Magen beschädigt, als er die Haut durchtrennt hatte. Das Messer musste an der falschen Stelle zu tief eingedrungen sein, der Geruch des halbverdauten Mageninhalts nahm einem den Atem.

Er zog an etwas, das eine kleine Schnauze sein konnte oder ein winziges Gelenk. »Da ist noch eins«, ächzte er. Und dann lagen sie vor uns auf der Erde, lebendig, nass und zitternd, noch voller Fruchtwasser und Blut, in dem Rinnsal, das aus dem Hals ihrer Mutter strömte.

Jade summte und legte die Hände aneinander, doch das sah Gregor nicht. Er begann voller Eile, die Zitzen des Muttertieres in einen kleinen Eimer zu melken, bevor sie erkalteten. Dabei fluchte er leise. »Willst du Papa nicht helfen?«, fragte Jade mich. Sie hockte sich neben die erschöpften Zwillinge, tauchte ihren Finger in die Blutlache in der Wiese und strich damit jedem Lamm über die Stirn bis hinunter zur Schnauze.

Dann versuchte sie, etwas von der gelblichen Masse von den kleinen Köpfen zu wischen, damit die Lämmer besser sehen und atmen konnten. Dabei bemerkte sie nicht, dass die Spitzen ihrer langen Haare immer wieder in den übelriechenden Schleim gerieten. Ich zögerte, zu Gregor zu gehen, und rang mit meiner Faszination. Ich war immer noch erstaunt, dass ich die ganze Zeit zugesehen hatte. »Ach, ist schon okay«, sagte er, »eigentlich hätte ich vorher melken müssen. Aber die Zeit war zu knapp, wenn die Geburt noch länger gedauert hätte, wären die Mutter *und* beide Lämmer gestorben. Die hätten es nicht geschafft. Ist ja eh viel zu spät dran gewesen.« Er wischte die Hände am Gras ab. »Sie brauchen das Kolostrum«, er deutete auf den Eimer, »die Milch ist in den ersten Tagen nach der Geburt wahnsinnig nährreich, und wenn sie davon gar nichts bekommen, haben sie kaum eine Chance.« Er richtete sich auf und drehte sich zu uns um. Er sah auf seine Tochter, die sich noch immer über die Lämmer beugte. »Jade. Willst du eins tragen? Sonst gib sie mir mal her.«

Jade blickte zu ihm. Sie schüttelte den Kopf. Gregor gab mir vorsichtig den Eimer, bückte sich und nahm je ein Lamm in die Hände, auf denen das Blut bereits trocknete. Es war kühl geworden, und im frühabendlichen Licht lag alles dunkelgrün und blau. Wir folgten dem kleinen Pfad durch das abgefressene Gras den Hang hinauf. Die beiden Lämmer schrien hin und wieder. Ihre Rufe waren kaum von den Schreien menschlicher Neugeborener zu unterscheiden. Als wir an der Ruine vorbeikamen, neben der die Schlehenbüsche weit über den Pfad wucherten, musste ich mich ducken, um den Dornen auszuweichen. Unter den dichten Zweigen war es dunkel, und die Steine der Ruine strahlten letzte Tageswärme ab. Der Anstieg zum Haus strengte mich stärker an als sonst.

Oben gab mir Ella ihren Tabak. Sie lachte, als ich versuchte, eine Zigarette zu drehen, und tat es dann für mich. Ich wusste, dass mir davon schlecht werden würde. Jade presste die Lippen aufeinander und starrte mich böse an: ihre Weise, zu kommentieren, wann immer ich mit Ella rauchte oder mit Gregor ein Glas Wein trank.

»Lass uns morgen wieder zur Hütte gehen, ja? Ich hatte vorhin eine gute Idee, wie wir das Dach reparieren können. Jetzt brauche ich aber eine Pause.« Ich ärgerte mich, dass ich mich vor ihr rechtfertigte.

Die Dunkelheit ließ sich Zeit. Ich setzte mich auf den flachen Stein auf dem obersten Acker. Hier wuchsen nur einige Salate und etwas Spinat. Ich drehte meine Hände im Schoß hin und her. Es war kein Blut auf ihnen, nur verschmierte Tinte von der Mittagspause, das kam mir unpassend vor, und unter meinen Fingernägeln Schmutz vom Unkraut-Jäten am Vormittag. Oder von einer anderen Arbeit an einem der anderen Tage, der Schmutz gehörte längst zu meinen Fingern wie die kleinen Kratzer zu meinen Armen, war nicht mehr auf einzelne Ursachen zurückzuführen. Solche Hände und Arme machten mich zu einem Teil dieser Gegend.

Die Umgebung beugte sich langsam der Dunkelheit. Der Hügel, der dem Hof direkt gegenüberlag, ragte vor dem Himmel im Westen auf wie ausgeschnitten aus dunklem Papier.

Der Rauch fuhr mir beim ersten Zug so tief in die Lunge, dass ich die Bauchmuskeln anspannte, um alles wieder herauszubekommen, eine geballte Rauchwolke, die sich schnell auflöste. Einen Moment war es ruhig. Die Glocken der Schafe waren da und das Wasser im Tal und mein Atem, der immer noch angestrengt war. Etwas hatte ich anfangen können mit dem, was ich gesehen hatte, etwas daran war schön. Als das Schaf starb, hatte sich in mir nichts von dem geregt, was ich erwartet hatte, kein Ekel, keine Angst, keine Scham. Nichts war mir vertrauter vorgekommen als Gregor, der das Tier tötete. Die Aufregung darüber kam jetzt, mit Verzögerung. Ich stellte mir das Tier vor, wie es noch unten auf der Weide lag, ich wusste nicht, ob es schon jemand geholt hatte und ob es irgendwann gegessen würde, vielleicht auch von mir, in kleinen, zu kauenden, zu verdauenden Abschnitten. Ich drehte den Kopf in Richtung der Äcker mit den Himbeerstauden, darunter die Zwiebelpflanzen. Dann blickte ich den Berg hinauf in den Wald, in dem Gregor und Jade schon den Platz für ihr Familiengrab ausgesucht hatten. Heute wurde mir schwindlig davon, durch das Nikotin und die Spannung, die in mir nachrauschte.

Plötzlich sah ich Gregor aus dem Haus kommen und über die Auffahrt gehen. In der Hand hielt er eine Bierflasche. Ich regte mich nicht, der Moment war nicht teilbar – wenn Gregor mich sehen und zu mir kommen würde, bräche der Alltag zurück. An der breitesten Stelle des Weges, auf der er seit Tagen an einem seiner Autos arbeitete, blieb er stehen. Er stützte die Hand auf die Motorhaube. Direkt vor ihm ging es einige Meter steil in die Tiefe bis zur Straße. Er schien über das Tal zu blicken, Richtung Westen, wo sich ein Rest Helligkeit staute. Dann hockte er sich hin, vielleicht, um an einem Bauteil zu arbeiten. Aber er kniete bloß da am Rand des Weges, allein, die Flasche in der Hand, und starrte in die Gegend.

—

Zum ersten Mal bat Ella uns, immerhin bis zum Mittagessen zu arbeiten, obwohl Sonntag war.

Wir mussten dringend die Tomaten entgeizen.

Zucchini pflanzen.

Paprikazöglinge umtopfen.

Zwischen den Bohnen das Unkraut ausreißen, damit es den Kampf um Sonnenlicht nicht gegen die jungen Triebe gewann.

Kartoffelkäfer sammeln – *und knacken!* Jade hatte eine ganze Menge von ihnen entdeckt.

Noch immer dreimal täglich die Flaschenlämmer füttern.

Den letzten freien Acker vorbereiten.

Die Zwiebeln dort einpflanzen. Ihr Kraut wuchs auf dem alten, zu kleinen Acker so hoch, dass man ahnte, wie die Knollen unter der Erde bereits aneinanderstießen und sich gegenseitig am Wachsen hinderten.

Gießen, wo die Bewässerungsschläuche nicht mehr funktionierten. Der Boden staubte. Wie weh mir das tat: diese wenigen Punkte, an denen die Erde die gesunde dunkle Färbung annahm, und wie diese sich dann von der wüsten Umgebung abhoben.

»Warum habt ihr denn nicht nein gesagt?«

»Wir bekommen so selten Besuch. Das sind alte Freunde von Ella, und dass ihre Kinder nicht viel älter als Jade sind, ist auch gut. Der Kontakt reißt sowieso leicht ab, weißt du?

Es kommt manchmal eben nicht praktisch.« Gregor beugte sich vor, verschwörerisch. »Das wird ihr guttun, und das heißt: uns allen!«

»Keine Ahnung, was du meinst.« Anja zog die Handschuhe von ihren Fingern, wie sie es alle zehn Minuten tat. Ich teilte ihren Sarkasmus. Ella las jeden Morgen die gesamte Liste laut vor, die seit einigen Wochen nur immer weiter ergänzt und ergänzt werden musste, und jedes Mal klang es wie ein Vorwurf.

Gregor half uns viel in diesen drei Tagen, an denen wir am Tisch plötzlich zu zehnt saßen. Oder er hielt sich in dieser Zeit zumindest in unserer Nähe auf, während er Arbeiten tat, die sich mir nicht erschlossen: Den ganzen Morgen hatte er lose Griffe von Gartenschaufeln wieder festgeschraubt, während Anja und ich der ersten Reihe Tomaten die Triebe aus den Blattachseln brachen. Jade und Ella zeigten den Gästen gerade die Stelle am Fluss, an der die Wassertiefe mehr als zweimal Jades Größe maß und man trotzdem bis auf den Grund sehen konnte.

»Die Mütter müssen auch unbedingt auf die nächste Weide. Wenn sie zu lang auf derselben bleiben, breitet sich der Durchfall wieder aus, dann müssen wir auch noch entwurmen.«

Anja rieb an ihren Händen und machte schon wieder eine Pause, in der sie zum Zaun schlenderte, an dem Gregor stand und jetzt eine Litze ausbesserte. Sie setzte sich neben ihm auf einen Stein und trank etwas. Ich hatte ihr zu den Handschuhen geraten. Beim letzten Entgeizen hatte sich der grünliche Saft aus den Stielen so tief in meine Haut gebrannt, dass ich mir die Farbe, die schillernde Reptilienhaut mehrere Tage nicht von den Fingern waschen konnte.

Ich zog etwas Heuschnur aus meiner Hosentasche, um die größten Pflanzen hochzubinden. Sie sollten gerade in die

Höhe statt quer über den schmalen Zwischengang wachsen. Jeden Strunk berührte ich prüfend, jeder Pflanze befühlte ich die kraftlosen Blätter, und ihre Müdigkeit ging auf mich über, wurde da aber zu Unruhe.

»Wir schaffen das alles einfach nicht, wie soll das gehen? Und wie bleibst du so ruhig?« Ich sah zu Gregor, der die Schultern hob, etwas murmelte, das vielleicht »Erfahrung« hieß, vielleicht »Enttäuschung«.

»Der Zaun da«, ich deutete auf seine Hände, »wird doch sowieso nie unter Strom gesetzt, oder?«

Gregor reagierte nur mit einem kurzen Zusammenziehen des Gesichts.

»Heute kommt jemand zum Aushelfen, wir leisten uns das nicht oft, aber gerade … Der Sohn eines Marktnachbarn, etwa dein Alter, Noa. Er müsste jeden Moment hier sein.«

Anja schnalzte mit der Zunge, ich nickte nur und sah auf den Stamm vor mir, dessen Grün bereits so holzig war, dass ich mich bemühen musste, ihn beim Hochfädeln nicht zu knicken. Wenn sie knickten, brachen sie. Ella sollte meine Arbeit hilfreich finden.

Der Junge trug eine Mütze, die auch ein alter Schäfer hätte tragen können, und ich hatte Mühe mit seinem Dialekt. Seinen Namen verstand ich nicht, als er ihn mir sagte. Gregor hatte Anja mitgenommen, ich wusste nicht, zu den Schafen oder wohin, ich hatte nur ein Aufblitzen in Anjas Gesicht bemerkt. Bevor sie mit dem Auto aufbrachen, brachten sie uns Kaffee in einer Thermoskanne.

Er konnte mir tatsächlich eine neue Technik zum Unkraut-Ausreißen zeigen. Die Reihe der Buschbohnen war bereits von Lücken durchsetzt, in denen nur noch Amarantstängel wuchsen, Klee, drahtige Grasbüschel und Portulak, den wir zwar als Salat pflücken konnten, wegen seiner Säure aber doch nie aßen. Erst nach einer halben Stunde wurde mir bewusst, wie höflich der Junge war. Er stellte mir Fragen und ließ mich vom Hier-Sein erzählen oder von den Spaziergängen, die ich allein gemacht hatte. Dass es bereits Monate waren.

»Jetzt gerade ist es mir zu voll. Ich glaube aber, für Jade ist ein bisschen Besuch gut, kennst du sie?«

Er nickte.

»Ich sehe die ganze Zeit das hier«, als ich die Reihe entlangdeutete und den Kopf schüttelte, lachte er, »und spüre Ellas Stress. Auf ihrer Liste müsste jetzt noch zusätzlich stehen: Besuch bespaßen. Sie überlegen, ein Schaf zu schlachten, weil die Kinder das gern sehen würden. Als wären sie ein Ferienlager!« Ich kannte das Wort für Dienstleistung nicht.

Er verzog den Mund. »Ich kenne Ella und Gregor nicht gut, nur vom Markt. Sag mal, wie ist dein Gefühl: Wenn das mit dem Hof nicht mehr geht«, jetzt war er es, der die desolate Reihe entlangdeutete, »was würden sie machen?«

Ich ließ die dünne Brombeerranke los, gegen die ich nicht ankam, und schob mir eine Strähne aus der Stirn.

»Ich glaube, es kommt darauf an, wen du fragst.«

»Gregor?«

»Zurückgehen nach Deutschland. Er könnte wahrscheinlich wieder etwas anderes arbeiten.«

»Ella?«

»Hierbleiben. Ferienwohnungen vermieten und ein paar Salate auf dem Acker, aber nur zum Selberessen.«

Er nickte. Seine Eltern wohnten ein wenig höher als wir. Eine kleine Ansammlung Häuser am Ende einer verschlungenen Geröllstraße, knapp unter der Bergkuppe. Er beschrieb mir, wie er dort abends an der Koppel für die Esel stand und nur noch aufgeschlagenen Himmel über sich hatte. Alles zum Talausgang hin ganz licht war und er gleichzeitig den Talschluss mit seinen Hängen nah in seinem Rücken wusste.

»*Bon*, meine Eltern denken jedenfalls gerade über eine Version fürs Alter nach. Deshalb habe ich gefragt. Diesen Sommer werden sie das erste Mal seit dreißig Jahren ans Meer fahren, also, zum ersten Mal länger als zwei Tage.«

»Wie kommt das?« Endlich gab die Brombeerwurzel nach, ich fiel nach hinten von meinem eigenen Ruck. Als er nicht antwortete, sah ich ihm ins braune Gesicht, in dem auf einmal eine Spannung, vielleicht Aufregung war.

»Ich laufe für sie die *transhumance*. Ich nehme die ganze Ziegenherde mit. Der Zug kommt zwar auch durch ein Dorf nicht weit von hier, aber ich gehe ihnen sozusagen entgegen, ich will das mehrere Wochen mitbekommen, nicht nur ein paar Tage.«

Ich prüfte, wie viel wir noch vor uns hatten. Wir kamen gut voran, aber die Farbe des Ackers drängte sich mir in den Blick. »Davon musst du mir unbedingt mehr erzählen. Warte kurz, willst du Kaffee?«

Er nickte, sprang dann aber schon selbst zum Feldrand. Auch ich richtete mich auf. Als ich näher kam, sah ich, dass der Kaffee an irgendeiner Stelle aus der Thermoskanne gesickert war, ein schmales Rinnsal auf der Erde, dessen Spur die Linie der Pflanzung erreichte.

»Wenn ihnen das nicht hilft, weiß ich auch nicht!« Ich setzte mich neben ihn. »Also?«

Er lächelte und nahm die Mütze ab.

»Ich weiß nicht genau, was du wissen willst. Wenn sie oben angekommen sind, hüten nur noch zwei bis drei Menschen. Davor werden wir drei Wochen wandern, mindestens, so hat die Herde unterwegs schon genug Zeit zum Fressen. Auf dieser Route sind es jedes Jahr nur fünfzehn Schäferinnen und Schäfer, aber etwa tausend Tiere. Bin froh, dass es eigentlich vor allem für Schafe gedacht ist. Dann verliere ich meine nicht.« Er lachte und sagte wieder etwas, das ich nicht verstand.

»Braucht man eine Qualifikation, oder muss man sich irgendwie darauf vorbereiten?«

Offenbar kamen die anderen vom Fluss zurück. Ich hörte sie hinter uns die Wiese zum Haus hinauflaufen, sehen konnten wir sie von hier aus nicht. Ich hatte nicht gewusst, dass Jade so lärmen konnte, ihre Stimme klang besonders ausgelassen über den Hang. Ich würde sie später fragen müssen, wie viel Wasser der Fluss führte, ob die Stelle noch so tief war, wie sie sein sollte.

»Es ist nicht schlecht, ein bisschen Herde dabeizuhaben«, er schob sich die Mütze auf dem Kopf zurecht, »aber ich denke, du dürftest auch so mit. Ich kann dir einen Kontakt geben, wenn du willst. In den Dörfern, die wir passieren, gibt es immer irgendeinen kleinen Festakt, Wettkampf für die Hunde oder Ballspiele oder so etwas, und gutes Essen. Und die Nächte *müssen* draußen auf den Weiden verbracht werden, nur im Schlafsack.«

Ich hob die Augenbrauen.

»Das behauptet mein Onkel. Er ist der Einzige in der Familie, der das interessant findet, abgesehen von mir, *évidemment.*«

»Hat das mit Menschheit zu tun – *transhumance*? Die Menschen überwinden?«

Er hob die Schultern und schraubte die Kanne auf, kippte sie. Es war nichts mehr darin. »Würde mich wundern. Die Frage hab ich mir noch nicht gestellt.«

Als er sich nach dem Mittagessen verabschiedete, um mit Gregor den Pflug am Traktor anzubringen, war ich mir noch immer nicht sicher, wie er eigentlich hieß. Statt noch einmal zu fragen, speicherte ich ihn unter Loïc ab. Er versprach, mir ein Foto von unterwegs zu schicken. Ich wünschte ihm viel Glück.

Bevor ich aufbrach, stellte ich aus Gewohnheit den Topf auf den Gasherd und griff schon nach dem Thermometer – die Milch für die Lämmer musste genau auf 40 Grad erhitzt werden. Aber Jade schob mich eifrig zur Seite.

»Ist doch Sonntag. Du hast frei, musst nichts machen. Schau mal hier.« Sie goss Tee in meine Tasse und drückte sie mir in die Hände.

»Und Tim und Anka wollen es mal ausprobieren, die kommen gleich, ich zeige es ihnen.«

—

Auf dem *crête* überraschte mich die Stärke des Windes. Ich war mehrere Wochen nicht oben gewesen, und auf dem Weg hatte ich nichts davon gespürt. Hier riss er an den Ginsterbüschen. Ein paar Schafsglocken hatte ich gehört, aber aus einer Richtung, aus der sie eigentlich nicht kommen konnten. Durch den Wind waren die wenigen Geräusche schwer zu verorten, er vereinnahmte sie. Eine ganze Weile stand ich nur in der Sonne und schaute, ich hatte mehrere Stunden am Stück für mich allein, in meiner ganz alleinigen Gewalt. Ich trank aus Ellas Flasche und fand alles unfassbar schön. Ich dachte: Winterweide und Sommerweide. Die Ginsterbüsche standen voller gelber Blüten. Ich verstaute die Flasche im Rucksack und lief über den Hügelkamm los, der kahle Gipfel lag in schwer einzuschätzender Entfernung vor mir.

Ich begegnete keinem anderen Menschen, lief eine Stunde und länger, aber außer mir war niemand hier. Da war nur das kurze, lichte Stück Kastanienwald, durch das ich kam. Und der Gedanke, wie es mich in meinen ersten Wochen hier noch unruhig gemacht hätte, allein wandern zu gehen. Ich hätte Jade bei mir haben wollen oder die Hunde und mich wahrscheinlich nach einer halben Stunde auf den Rückweg gemacht.

Auf dem Boden sprenkelten Flecken von Sonnenlicht. Wenige hundert Meter vor mir führte der Weg wieder aus dem Wald hinaus und in der prallen Sonne zwischen kniehohem Gestrüpp den Berg hoch. Ich trödelte, weil ich schwitzte und diesen Abschnitt, warm, aber im Schatten, noch nicht wieder verlassen wollte. Die jungen Stämme standen so weit auseinander, dass ich mit ausgestreckten Armen zwischen ihnen hindurchgehen konnte. Mein Blick hatte überall so viel Platz. Im Gehen konnte ich zu beiden Seiten hin über die Hügel schauen, die sich mit größerer Distanz immer weiter in etwas Blaues, Weißes, Nebliges auflösten, wie von einem Filter weichgezeichnet. Ich meinte, mich über die Luft, die die Senke zwischen den Bergen füllte, legen, mich darüber ausbreiten zu können wie eine Decke. Ich wäre gern mit jemandem hier gewesen, hätte mit dem Finger auf das tiefste Blau dort gezeigt, wo der Fluss sein musste. Aus Gewohnheit formulierte ich einzelne E-Mail-Anfänge: Liebe Merle, ich habe dir doch einmal gesagt, wie es mich halbiert hat, so viel Angst zu haben. Liebe Merle, hast du gemerkt, dass ich in deinem Auto, als du mich zum Zug gebracht hast, nur ein Säugling war, weil mich die Zustände immer weiter und weiter zerteilt haben? Heute bin ich wandern, liebe Merle, und ich bin gerade so alt, wie ich bin, ich passe in meine Körpergröße. Chère Lisanne …

Probehalber streckte ich die Arme nach oben, zu den Seiten. Vielleicht sollte ich die große Wanderung mitmachen, im Juli. An den Hängen ragten verstreut Häuser auf, die ich noch nie gesehen hatte. Unser Dorf, in dem ich zuletzt mit Merle telefoniert hatte, lag hinter mir, am Fuß der Bergnase, von der ich mich wegbewegte. Jade, Ella und Gregor mussten ebenso geschrumpft und von mir weggerückt sein wie diese kleinen Haus-Kästchen, wenige hundert Meter Luftlinie unter mir machten sie gerade mit allem weiter, angelehnt an die gleiche Bergsubstanz wie ich und doch so, dass sie mich in diesem Moment nichts angingen.

Vor meinem rechten Fuß bewegte sich etwas, eine breite dunkle Linie. Erst tief vornübergebeugt konnte ich erkennen, dass es Ameisen waren. Liebe Merle, Gregor hat mich vor Kreuzottern gewarnt, und als ich wandern war, hat sich auf dem Boden etwas bewegt, aber ich habe nicht einmal an eine Schlange gedacht.

Die Ameisen waren so klein, dass zum Teil mehr als zehn Tiere nebeneinanderher rannten, nur wenige trugen ein Blatt, ein Stück Holz, einen Fetzen Zellstoff. Von ihnen ging ein Kribbeln aus, das ich auf der Haut spürte. Die Frequenz, in der sich ihre Beine bewegten, war eigentlich schwer zu glauben. Die winzigen Panzerkörper glänzten, wo die Sonne auf sie fiel. Von weiter oben hatte diese schwarze Reihe etwas Beruhigendes, Gleichmäßiges, eine Autobahn vom Flugzeug aus betrachtet. Sie erneuerte sich immer wieder, ohne dabei ihre äußere Form groß zu verändern. Wo der Strom anfing und aufhörte, war schwer zu erkennen, die Ameisen verschwanden irgendwo im Unterholz.

Ich verließ den Weg, um zur äußeren Baumreihe zu gelangen, an den Rand, wo der Hang abfiel. Vor einem etwas breiteren Stamm knickte ich Farn um, streckte die Beine darauf aus und lehnte mich an. Jade hatte mir sogar ein *goûter* geschmiert, während die Milch auf dem Herd gestanden hatte. Die Schicht Marmelade auf dem Brot war ganz dünn geraten. Aber Ella hatte mit ihrem Erstaunen, *Jade, so was machst du, das ist aber toll*, für mich eingeordnet, was die Geste bedeutete.

Auf meiner Haut war auch nach dem Essen noch ein Kribbeln, als hätte ich mich am Weg mit der Hand aufgestützt und ein paar hundert Tieren eine Brücke geboten, vom Boden auf meinen Körper zu kommen. Ich schloss die Augen, vom Sonnenlicht glühte es rot dahinter. Mir ging ein Bild durch den Kopf, wie sich jemand auf einen Ameisenhaufen stellt: Von unten nach oben nehmen tausende Körper den Körper ein.

Unter meinen Fingern war ich schon überall weich. Von der ersten Berührung an reichte das Gefühl, das gleichzeitig zuströmt und ausstrahlt, bis tief ins Becken. Ich nahm zuerst nur die rechte Hand. Kribbeln an den Innenseiten der Beine. Nichts, das ich durch Bilder erst hervorrufen musste, die ich über die Jahre entwickelt hatte, abgenutzte und äußere Bilder oder seltsame, die meine eigenen waren. Es lief ganz einfach über meinen Körper. Ich rutschte ein Stück tiefer, bis ich bequemer lag, dabei rollte sich das Shirt auf, sodass ich den Farn und den Boden unter mir spürte. Ich schob auch die linke Hand unter den Hosenbund, tauchte die Finger in diesen meinen eigenen verflüssigten Raum. Nach ein paar Sekunden öffnete ich die Augen, um die Berge mir gegenüber anzusehen. Ich zog die Hose weiter auf und ein ganzes Stück nach unten, da war nun meine Haut, bloßgelegt, direkt an der Luft. Ich wollte das ganz wahrnehmen: dass ich draußen lag, dass man mich von überall aus entdecken konnte, die Situation offen, aber dass da einfach niemand war und ich absolut sicher. Alles lag um mich ausgerollt, das Grüne und Weite und kleine Stiche in meinem Rücken, von Steinen oder totem Holz. Meine Finger wurden nicht schneller, es brauchte kaum Druck. Kaum Bewegung der Hüfte für die Schauer, die Pulse, für den Mittelpunkt der Wärme, für: das.

Als ich aufstand, um weiterzugehen, fand ich ein gefächertes Stück Rinde, das ich nicht liegen lassen konnte.

Am frühen Abend nahm ich den hellen Geröllweg zurück, der in der einfarbig und langsam dunkel werdenden Umgebung Licht abzustrahlen schien. Darüber spannte ein runder Himmel, durch den sich Vögel kreisförmig bewegten. Ich konnte sie noch immer nicht benennen, aber das Knirschen meiner Schuhe auf dem Schotter schien sie nicht zu stören. Mein Körper ging ruhig und wie geklärt: Ich kickte ein paar Steine vor mir her und dachte an niemanden.

7

Den ganzen Vormittag über mussten wir Salate nachpflanzen. Ella hatte morgens den kleinen Finger und Daumen ihrer rechten Hand so weit abgespreizt wie möglich, um uns den richtigen Abstand zu zeigen. Zwei Reihen Setzlinge wollte sie haben, weit genug auseinander, dass die Köpfe Platz zum Wachsen haben würden, doch eng genug, dass beide Reihen von dem dünnen schwarzen Schlauch bewässert werden könnten. Das Paar, die Neuen, hatte Ella ernten geschickt. Obwohl sie etwa in meinem Alter waren, sprachen Valeria und Tammo nicht viel mit uns. Sie wollten nur zwei oder drei Wochen bleiben, *den Sommer draußen verbringen, mehr ist noch nicht klar.* Immer wenn ich Tammo sah, erklärte er Valeria etwas. Am zweiten Tag hatten sie oder er beim Motorsensen ein Stromkabel durchgeschnitten.

Durch den Stoff meiner Arbeitshose drückte kalt der staubige Boden.

»Was soll das für ein Juni sein, verdammt, ich dachte, das wird Sommerurlaub hier.« Auch Anja trug lange Hosen und einen dünnen Fleece-Pullover, einen blütenweißen, ich hatte nicht gewusst, dass Fleece chic sein konnte. Auch Ella und Gregor hatte ich schon darüber reden gehört.

»Das kommt schnell wieder.«

Ich konnte ihr das alles zeigen: wie tief wir die Löcher machen sollten oder dass man von unten gegen die Plastikschälchen drücken musste, damit sich die Erde daraus löste.

Aber unsere Gespräche hatte, wenn wir allein waren, immer Anja in Gang gebracht. Sie glühte von einer in alle Richtungen schießenden Neugier. Lange Stunden im Zwiebelunkraut hatten wir uns gegenseitig über unsere eigentlichen Leben ausgefragt. Sie baute Websites für kleine Unternehmen, *Cafés und Läden für Hundefrisuren*. Und immer wieder kam sie auf Ella und Gregor zurück: dass *da doch nichts mehr*, ob *ich nicht auch den Eindruck – die machen doch sicher beide mal hier und da*. Sie selbst sei jedenfalls nicht abgeneigt, und da hätte sich auch schon … Obwohl sie sich eigentlich einen Weinbauern hätte fangen wollen.

Ich hatte anfangs genickt und ihr erzählt, was ich von Gregor wusste, nun stoppte ich sie jedes Mal: Uns würden nur noch Hauben fehlen, dass wir zu den *Mägden auf dem Feld* würden, die nur draußen unzensiert sprachen und dann immerzu über einen Mann. Anja hatte darüber gelacht und ergänzt: *Es muss ja kein Mann sein*. Ich hatte mich ein paar Schritte von ihr entfernt, um Himbeeren direkt von den Stauden zu essen: *Eine Magd bin ich jedenfalls nicht*.

Heute ergab sich zum ersten Mal nichts, von dem aus wir uns in eine Albernheit steigern konnten.

»Du hast gesagt, du hast eine Tochter, oder?« Ich zog die Gartenhandschuhe wieder aus. Durch den Stoff spürte ich nicht genug und zerquetschte die Blätter der Setzlinge oder riss ihnen die haardünnen Wurzeln ab.

»Ungefähr so alt wie du. Aber nicht so handfest, leider. Sie arbeitet unterbezahlt in einem Burger-Laden. Als würde sie warten, dass jemand anders für sie loslegt.«

»Ich komme mir nicht sehr handfest vor.« Ich fühlte Röte in meine Wangen steigen, bis mir einfiel, dass Anja *eine Ausbildung machen* mit Handfestigkeit verwechselte.

»Sie macht so wenig aus Überzeugung, weißt du. Es hat keine politischen Gründe, dass sie nicht studiert, obwohl sie könnte. Sie ist jetzt kein Freigeist und will soziale Kunst machen oder so.«

»Hm.« Sobald kein Gespräch mich hielt, wanderte mir der Scan in letzter Zeit immer wieder zu Boden. Wir schwiegen, ich wollte, dass Anja weitersprach. Dass die Trockenheit nicht wieder wie magnetisch meinen Blick anzog, die überhelle Erde, die haarfeinen Risse darin. Ob man sagen konnte, dass etwas aufzuspringen *beginnt*?

»Trotzdem haut sie einem ganz schön was um die Ohren«, sagte Anja und krempelte ihre Ärmel zurück, sie schaffte das, ohne Erde darauf zu verteilen.

»Habt ihr gestern telefoniert?«

»Hab ihr ein Spa-Wochenende angeboten. Sie soll sich was Gutes tun und sich dann auf ihren Arsch setzen.« Anja sagte *Gudes* und *Oarsch*. Wenn sie die Stimme hob, wurde ihr Fränkisch stärker.

»Aber sie wohnt noch bei dir?«

Darauf antwortete sie nicht.

Wir waren spät dran mit dem Pflanzen. Um die kleinen Würfel Erde hatten die Salatwurzeln sich schon zu weißen Netzen gewickelt. Bei allem, was wir taten, sprang ins Auge, dass es nicht rechtzeitig geschah. Das Unkraut überragte die Kartoffeln, die Schafe brüllten, wenn wir bei ihnen ankamen, und die Tomaten, die ich vor ein paar Tagen nicht mehr hatte hochbinden können, ließen die geschossenen Triebe wie schlaffe Hälse hängen.

Anja drückte die Salate in den Boden, ohne die Wurzelspitzen vorher nach unten zu lösen. Die Setzlinge konnten viel besser im Boden greifen, wenn man vorsichtig etwas von dem Gespinst frei zog.

»Du, ich glaube, die Abstände müssen ein bisschen größer sein«, sagte ich und bemühte meine Stimme zu besonders großer Beiläufigkeit.

»Ah ja, huch.« Sie wischte sich über die Stirn. »Hab mich nicht konzentriert.«

Gregor kam vom Haus aus direkt auf uns zu. Er hielt sich am Pfosten fest, als er langsam über die einzelne Elektrolitze stieg, die nachts Wildschweine abhalten sollte. Eigentlich hing sie so niedrig, dass man nur einen Schritt machen musste.

»Noa, du kannst gleich die Tomaten mulchen wie abgemacht. Wir«, er sah Anja an, »können auch zu zweit Schafe umsetzen.«

»Soll ich auch weiter hochbinden?« Ich stand auf und bückte mich schon nach den Handschuhen, aber Gregor, der die Reihen auf und ab ging, verzog das Gesicht, als er zu uns zurückkam.

»Ihr müsst das nochmal machen. Das ist viel zu eng. Schaut mal, am Ende werden die ja ungefähr so groß.« Er hielt die Hände weit um einen imaginären Salatkopf, so, wie man auch einen Menschenkopf halten würde.

»Essen wir einfach ein bisschen später, ich bereite was vor, und ihr geht nochmal ran, ja?« Er winkte schief und stieg schon zurück auf den Pfad zum Haus. Anja legte nur den Kopf mit geschlossenen Augen in den Nacken.

Ich setzte mich ans hintere Ende der Reihe, die Erde war festgedrückt an den Stellen, an denen Anja vorher gekniet hatte. Es war unangenehm, die Knie wieder in dieselben vorgeformten Kuhlen zu legen.

»Wir können ja wenigstens anfangen.«

»Du bist 'ne Streberin, Mädel.« Anja sah mich lange an. Ich hielt nicht stand und zog stattdessen den ersten Salat aus der Erde.

»Man muss auf den Pausen bestehen, die man bekommt«, sagte sie. »Hast du nicht noch einen halben Tag frei übrig?

Fahr doch endlich mal in die Stadt, geh 'n Kaffee trinken. Es belohnt einen doch niemand fürs Verausgaben.«

Wieder stieg mir Hitze in die Wangen, in die Ohren, Scham war das und Wut. Anja drückte die Salate jetzt, beim zweiten Mal, weniger fest in die Erde, während sie sprach.

»Und wenn wir nicht fertig werden, ist das halt so. Lass es uns immerhin jetzt schön haben.«

Sie wirkte so gelassen.

»Glaubst du etwa, du wirst dafür belohnt? Von wem, *dem Herrn*? So ein Protestantismus macht die Haare grau und die Brüste schlapp, das sag ich dir.«

Warum wollte ich mich überhaupt verteidigen?

»Mir tut es einfach leid. – Wenn die Pflanzen verrecken, dann, weil wir nicht gießen, wenn die Schafe schreien, dann, weil wir zu spät füttern, ich halte das nicht gut aus. Im Wald geht der Boden schon auf.«

Warum griff mich an, was sie sagte? Warum konnte ich nicht die Schultern zucken über sie?

»Aber wie willst du denn den Boden retten, wenn es nicht regnet? Nimm es nicht so persönlich, Kind. Da hilft dein Mitgefühl nicht, vielleicht hilft da tatsächlich nur Glauben. Wird schon irgendwann regnen.«

Wir beendeten die Arbeit zügig und ohne viele weitere Worte. Wie eine beschädigte CD wiederholte mein Kopf Anjas Sätze, auch noch, als wir endlich in die Küche gerufen wurden, wo Gregor mit Salat und Omeletts wartete. *Protestantismus* war ein furchtbares Wort für ihre aufgeweichten Konsonanten, und ich wurde das Kind, das sie mich genannt hatte, musste *Ja, Mama* in einem ätzenden Ton denken. *Damit eine es währenddessen schön haben kann, muss eine andere übernehmen.* Oder nicht? Ich hatte ihr nichts anderes entgegenzusetzen, nicht ein einziges gutes Argument.

Vor dem Temperatursturz vor wenigen Tagen war ich auf dem Weg ins Haus noch im Halbdunkel an den Stachelbeeren stehen geblieben. Von einem auf den anderen Morgen hatte die Luft sich danach um über zehn Grad abgekühlt, ohne eine einzige Handvoll Regen. Die Stachelbeeren hatten nicht auf unserer Liste gestanden. Nur hätte man mit ihnen bald nichts mehr anfangen können, sie hätten faulig an den Ästen geklebt und wären irgendwann abgefallen. Oder nur die Schalen hätten nachgegeben und das vergorene, flüssig gewordene Innere ausgegossen. Die leeren Hüllen wären uns übrig geblieben als Zeichen, dass wir es nicht im Griff hatten, nicht hinterherkamen, zu langsam waren. Nicht ausgestattet für den ständigen Temperaturwechsel. Als ich endlich mit dem Eimer zu den anderen gekommen war, war es nach zehn, und am Tisch saßen sie alle, alle sechs. Ella drehte sich erstaunt um, sagte: *Ach, was machst du denn noch, wir wollen endlich mal essen.*

—

Gregor wischte mit einem Stück altem Brot die Salatschüssel aus. »Irgendwie ist das nur den Männern passiert. Einer hat eines Tages die Motorsäge genommen und alles kleingesägt. Dann saß er wohl unten auf der Wiese«, er deutete auf das Fenster, »und hat geheult wie ein Schlosshund. Und niemand konnte ihm nahe kommen, weil er ja die Säge hatte. Ein anderer, der Besitzer davor, hat sich in den Tod gehungert.« Valeria hielt sich die Hände vor den Mund. Tammo hatte sich bereits im Auto schlafen gelegt, in dem die beiden gekommen waren. Es irritierte mich, die Arbeit, das Essen und den Tisch mit ihnen genauso zu teilen wie mit Anja, die immerhin einen Monat blieb. Ich hätte Tücher über Vitrine, Sessel und Computer hängen wollen, als würden sie mit der Wohnküche auch in *meinen* Intimbereich eindringen.

Anja lachte: »Alle verrückt geworden? Dafür geht es euch noch ganz gut, würde ich sagen.«

Ich klopfte Gregor auf die Schulter und drückte mich dabei leicht vom Stuhl hoch, ich war müde.

»Wobei genau hier«, er rieb sich die Schulter, auf die ich geklopft hatte, »geht's mir eigentlich gar nicht gut. Ihr habt bestimmt bemerkt, dass Ella mehr arbeitet als ich.«

Gregor sprach jetzt mehr in Anjas und Valerias Richtung. Es war eines dieser Gespräche, die ich längst mit ihm geführt hatte, an Abenden mit Wein aus dem Plastikschlauch, den wir *Weinkuh* nannten.

»Niemand kann sagen, woran es liegt: Eigentlich ist mit der Schulter alles in Ordnung, dafür, wie viel ich in den ersten Jahren gearbeitet habe. Damals war das kein Problem. Aber ihr könnt euch nicht vorstellen, wie weh es jetzt tut. Seit ein paar Monaten«, er zog eine Packung Paracetamol aus der Tasche, »ist die überall dabei.«

Valeria machte Geräusche von Betroffenheit. Es hatte eine Weile gedauert, bis mir aufgefallen war, dass es Gregor ums Sprechen ging, als bekäme er selten Gelegenheit dazu. Valeria, die interessiert wirkte, fragte, was ich in den ersten Wochen gefragt hatte.

Ich trat vor die Tür, um den Hunden Käserinden in die Näpfe zu legen. Der Blauregen, der auch hier über der Terrasse wuchs, raschelte. Eine Katze spazierte darauf, sodass es Blüten regnete. Ich versuchte eine Weile vergeblich, sie zu mir zu locken. Als ich die Tür zur Küche wieder öffnete, drehte Gregor sich zu mir.

»Anja meint, wir sollen dir endlich freigeben. Nimm doch den Nachmittag. Dann wird morgen erst gemulcht, der eine Tag zählt jetzt auch nicht mehr. Oder ich schaff das später selbst noch.«

Ich wollte schon widersprechen, aber Gregors Gesicht

zeigte etwas, das vielleicht Scham war. »Das Einzige ist: Könntest du am Abend zum Marmelade-Abfüllen kommen? Die ersten Chargen Himbeeren verderben uns sonst.«

Es ärgerte mich, dass mir für den Rest des Nachmittags nichts anderes einfiel, als wieder den Berg hinter dem Haus hochzusteigen. Auch die Sonne, die langsam hinter die Kuppe kroch, ärgerte mich. Und immer wieder ärgerte mich, dass Anja eine Pause durchgesetzt hatte, die ich selbst nicht nahm. Ich fühlte mich geladen genug, um Stromstöße zu verteilen.

Nach dem Schotterweg begann hinter ausrangierten Wohnmobilen der Wald. An den Wagenfenstern hingen innen Spitzenvorhänge, außen daumendicke Spinnennetze: eine Spiegelung, unklar, welche die gespiegelte Seite sein sollte. An anderen Tagen, mit Jade, hätte ich mich hier länger aufgehalten und in irgendeinem Spiel zu schleichen begonnen. Heute sah ich im Vorbeigehen nur kurz durch eine Windschutzscheibe. Auf dem Beifahrersitz stand eine ausrangierte Kaffeemaschine. Der Kanne war ein großes Stück herausgebrochen, jemand hatte es wieder hineingelegt. Mich überfiel Ekel über dieses kaputte Gerät, das hier stand, als würde es noch einmal benutzt werden. Wie verstopft alles war.

Als modriger Geschmack hielt der Ekel sich, als ich schon über einen Felsen in den Wald gestiegen war. Ab und zu trat ich zu heftig auf und rutschte dabei auf dem vertrockneten Laub weg.

Erst als nur noch Wald um mich lag, kühlte ich mich ab. Ich konnte wieder langsamer gehen. Jemand musste Wolf-Zwei rausgelassen haben, er schoss als heller Übermut an mir vorbei, als wäre noch Winter und als liefen die Schafe, die er zu bewachen hatte, noch über den Bergrücken. Ich ließ ihn tollen und in weiten Kreisen um die Stämme hetzen. Irgendwann verschwand er aus meinem Blickfeld.

Diesmal kam ich nicht bis auf den *crête*, weil ich im Wald eine Halde fand. Ich musste weit nach links abgedriftet sein und einen anderen Abschnitt des Hangs betreten haben. Die blaue Plastikplane im Unterholz hatte ich vorher noch nie bemerkt. *Als könnte man von Luft und Liebe leben*, hörte ich Gregor dazu sagen, *so tun sie die ganze Zeit, aber im Wald liegt ihr Schrott*. Je näher ich kam, desto mehr sah, was ich von Weitem für eine verwehte Autoplane gehalten hatte, nach Absicht aus. Immer wieder knisterten Hüllen von einzeln abgepackten Schokocroissants unter meinen Schritten. Um hinter einen Wust aus Brombeerranken und altem Gehölz zu blicken, musste ich mich wieder ein Stück den steilen Hang hinabgleiten lassen. Dabei sammelte ich so viel Müll wie möglich auf.

Irgendwer hatte dem Berg die Fläche für ein selbstgebautes Plateau abgetrotzt und – wie es aussah – wochenlang aus Europaletten und einzelnen Holzlatten einen Boden gezimmert, auf dem man bequem umhergehen konnte. Ich sprang ein paarmal so fest auf, dass es in den Knien wehtat. Der Boden hielt. Von hier hatte man einen großartigen Blick ins Tal, die Äste einiger Zedern vor mir mussten dafür gestutzt worden sein. Ich hätte mir längst eigenen Tabak kaufen sollen. Wenn ich neben Ella stand, während sie für mich Zigaretten drehte, waren wir Minderjährige und verantwortungslose Mutter. Ich setzte mich vorn auf die Kante, ließ die Beine baumeln und musste an Werbe-Bilder denken: ein Baumhaus hoch an einer Klippe, Tipis im Nichts, *in der Wildnis*, absurd beleuchtet von Lichterketten, die hier nie Strom bekämen. Mich reizten sie nicht.

Mein Handy zeigte eine Nachricht an, Aseel: *Hallo, danke für die Post. Wir haben uns gefreut!* Dann ein Bild von Mejet und ihr, die die Finger zu einem Herz gekrümmt aneinanderhielten. *Wir vermissen dich.* Dann eine Reihe von albernen GIFs. Ich schickte zwei Bilder, Vorder- und Rückkamera, zurück: mein verschwitztes Gesicht in einer Grimasse und den Ausblick, das Tal, über dem mein Fuß zu schweben schien.

Ich vermisse euch auch. Schau, meine Haare sind zu lang. Are you ok? Die Bilder luden nicht sofort, das würde erst beim Zurückgehen funktionieren, ich steckte das Handy ein.

Im Vergleich zum Hof war der Blickwinkel hier auf eine Weise verschoben, dass die Landstraße zwischen den Bäumen auf der anderen Talseite verschwand. So lagen die Hügel leer vor mir, fast braun in der Sonne, aber ungestört.

Was, wenn ich tatsächlich die *transhumance* mitmachte, mir von Gregor die beste Fangtechnik zeigen ließe, die wichtigsten Medikamente mitnähme und ihre Verabreichung übte? Ich hatte bereits zugesehen, wie Ella aus Kupfersulfat, Olivenöl und Ton eine Tinktur für die Hufe anrührte. Ich könnte versuchen, mich an Übernachtungen draußen zu gewöhnen. Ich könnte trotzdem mein Handy mitnehmen.

—

Natürlich fiel mir auf, dass Anja nicht am Tisch saß, als ich zurückkam. Ich musste nicht fragen. Sie war ans Meer gefahren, erzählte Jade sofort.

»Sie sagt nochmal Bescheid, ob sie überhaupt wiederkommt, sie muss nämlich vielleicht nach Hause. Wenn, dann ist sie Sonntagabend wieder hier. Sie hat gesagt, sie lädt dich ein. Aber du gehst nicht, oder? Wir haben echt viel zu tun. Sonntag könnten wir runter zum Fluss.«

Ich setzte mich an den gedeckten Tisch. Nicht einmal mehr Besteck musste ich aus der kleinen Schublade holen.

»Wo sind Valeria und Tammo?«

»Auch weg. Sie wollen in eine richtige Kommune.« Dieser Satz aus Jades Mund brachte mich zum Lachen.

»Tja, was soll ich sagen: Die können wir hier nicht bieten, was?«

Ella hob die Schultern. Sie schien sich nicht zu ärgern, nicht darunter zu leiden. *So ist das halt* stand ihr von vielen Malen ins Gesicht geprägt.

Ich nahm mir ein Glas Wein. »Was ist das für ein Lagerplatz da im Wald?«

Gregor gab Jade immer mehr Kurkumareis auf den Teller. Erst als sie ihm mit der Gabel in die Hand stach, sah er überrascht auf und stellte den Teller vor sich selbst auf den Tisch. »Hast du die Aufbewahrungsboxen gesehen, wie das gemacht ist? Und auch der Boden. Er hat hunderte Nägel eingeschlagen, weil er keinen Akkuschrauber benutzen wollte. Es sollte alles analog sein.«

»Wie lang war Antoine hier, Papa, ein paar Jahre?« Jade riss Gregor den neuen Teller aus der Hand, als genug Reis darauf war. »Manchmal ist er zum Duschen zu uns gekommen, aber er hat sich gar nicht getraut, mit mir zu reden.« Jade kicherte.

»War das Zelt noch da? Er hat in Zelten gelebt, die er auf den Holzboden gestellt hat. Die sind ihm dauernd kaputtgegangen, ich glaube, weil er drin gekocht hat. Ab und zu habe ich ihn zu Decathlon gefahren, um die Zelte zurückzubringen, und jedes Mal hat man ihm ein neues gegeben.« Gregor schüttelte den Kopf.

Ich zog mir ein Stück Knorpel aus dem Mund. Wenn es Fleisch gab, sammelte sich auf meinem Tellerrand ein kleiner Haufen mit Aussortiertem, zu Hartem oder zu Weichem, nachträglich Ungenießbarem. Auf den Tellern von Ella und Gregor blieb selten überhaupt etwas zurück.

»Eigentlich war Antoine ganz niedlich«, sagte Ella. Sie zog

ihre Arbeitsjacke aus und legte das Halstuch, das sie im Laden getragen hatte, hinter sich aufs Sofa. Band sich die Haare zurück. Erst dann rührte sie ihr Essen an.

»Aber so lebensuntauglich. Die meisten Kinder werden hier bemuttert, bis sie mit dem Studium oder der Ausbildung fertig sind. Die sind dann Mitte zwanzig und können sich nicht mal richtig den Arsch abwischen oder die Schuhe zubinden.«

Gregor fuhr sich mit dem Handrücken über den Mund. »Antoine auch: Konnte keine Wäsche machen. Seine Oma hat ihm alle paar Tage seine Klamotten gewaschen und gebügelt da hochgebracht.«

Ich schüttelte den Kopf und bemühte mich, an Anjas leerem Platz vorbeizuschauen, als würde die Familie selbstverständlich wieder nur durch mich erweitert. »Was wollte er denn hier?«

Ella lehnte sich im Stuhl zurück. »Sein Großvater kauft bei uns auf dem Markt und hat uns gefragt, ob wir seinem Enkel ein Stück Wald geben würden, für ein Jahr als Eremit. Er meinte, sein *bambin* wolle das, seit er dreizehn ist, habe Bücher dazu gelesen und sich richtig vorbereitet. Klar, dass er das gesagt hat und nicht, dass der *bambin* eine Sozialphobie hat, bei der die Schule bestimmt keine Hilfe war. Stell dir mal vor, Jade, wie man in deiner Klasse mit ihm umgegangen wäre, Arthur und die anderen.«

Jade schlug sich die Hand an die Stirn und verdeckte halb ihre Augen.

»Er war mit der Schule fertig und hat versprochen, dass er zwei Tage die Woche helfen würde. Dafür haben wir ihm Zugang zu unserem Wasser gegeben und auch Kartoffeln, wenn er wollte. Wollte er aber meistens nicht. Er muss wochenlang Wurzeln ausgegraben haben, das war wirklich erstaunlich. Und er ist im November dort hochgezogen.«

Ich dachte an die Verpackungen, die ich gefunden und immer noch in der Hosentasche hatte. Ella lächelte und nahm den Teller, den Jade ihr hinhielt, und schob davon wie immer auf ihren eigenen, was Jade nicht mehr wollte, hauptsächlich Bohnen und die Schalen der gekochten Tomaten.

»Kein Schönwetter-Camper. Er hat es schon ernst gemeint. Er wollte alles von Hand machen, das ganze Plateau, wie ein Irrer hat er die Steine weggehackt. Und seine Konstruktion, dass man die Boxen zum Schutz vor den Wildschweinen nachts hochziehen konnte? Das war schon clever.«

»Ich wäre auch gerne«, warf Jade ein, aber das Telefon schnitt ihr das Wort ab. Ella hob ab und ging mit dem Hörer in den Flur. Ich tat mir noch etwas Reis auf, da kam sie schon wieder zurück und grinste mich an.

»Ich soll dir sagen, dass Merle gerade keine Zeit hat, richtig mit dir zu telefonieren, aber jetzt bucht. In zehn Tagen kommt sie.«

Ich ließ die Gabel sinken. Jade ließ für mein Erstaunen keine Zeit, auch nicht für Vorfreude, sie tippte mir auf den Arm.

»Wo ist eigentlich WolfZwei?«

»Ist er noch nicht zurück? Ich habe ihn nicht mehr gesehen, sonst kommt er doch auch selbstständig wieder.«

Die anderen wechselten einen Blick.

»Es ist auch lange nichts gewesen.« Ella kniff die Lippen zusammen.

»Was?«

Gregor stand auf und verließ die Küche. Ich konnte seine Schritte auf der Treppe draußen hören und wie er zu rufen begann.

Ella erzählte mir, mit einer Betroffenheit, dass mir übel wurde, dass man in dem Teil des Waldes, in dem Antoines Lager war, den ersten Wolf erschossen hatte. Jade war damals kaum größer als das Tier gewesen und hatte sich zum Mittagsschlaf immer neben ihm eingerollt. Jetzt kratzte sie auf ihrem Teller herum, während Ella sprach.

»Ich habe Gregor noch nie so traurig gesehen. Er hat den Schuss sogar gehört, glaub ich.«

Der Sohn der Nachbarin war mit einem Jäger befreundet. Ella meinte, es wäre kaum möglich gewesen, daraus keine Schlüsse zu ziehen. Jedenfalls wäre an diesem Tag die Idee mit dem Familiengrab entstanden.

Jade hängte sich an meinen Arm. »Hey, Noa, wenn er morgen früh nicht da ist, suchen wir zusammen da oben. Hast du den Platz und die Urne überhaupt schon gesehen? Das ist unnormal schön.«

Unsere Blicke trafen sich nur kurz. Jade war gerade von der Schule gekommen und hatte mich gesehen, als ich nach dem Mittagessen aufgebrochen war. Beim Losgehen hatte ich so getan, als hörte ich sie nicht rufen.

8

Merle deutete auf die Falte auf meiner Stirn, als könne sie sie damit glätten. Vielleicht bildete ich mir ein, dass die Wälder erschöpft aussahen, unter der Sonne stumpf geworden, müde. Aber auf dem Weg vom Wohnwagen zum Frühstück konnte ich das jeden Morgen sehen, kontrollieren, scannen: Die Wiesen wurden immer weiter von etwas abgelöst, das Stroh sein konnte oder direkt blanker Staub.

Die Hitze setzte uns an seidenen Fäden in die flirrende Luft. Je heißer es wurde, desto heftiger trafen mich Jades Stimmungen. Abends wollte sie, dass ich ihr das Gesicht bemalte. Wenn ich aber Merle dazuholte, weigerte sie sich, legte sich mit Comics aufs Sofa und ignorierte uns. Fragte ich, ob sie Zeit mit mir verbringen wollte, zur Not ohne Merle, hatte sie keine Lust: die Lämmer zu füttern, Himbeeren zu pflücken, die Äste des Maulbeerbaums auf Karims Grundstück zu schneiden und anschließend zu unserer Hütte in die Ruine zu tragen.

Merle und ich ernteten mit Ella zum ersten Mal Mirabellen, weil die Bäume hinter dem Haus vormittags im Schatten standen. Es war beinahe Mittag, als Jade auftauchte und sich einige Meter von uns entfernt gähnend ins Gras hockte. Ella und Merle hielten die Plane, um die Früchte aufzufangen, die ich von den Ästen schüttelte. Einige Minuten sah Jade uns bei der Arbeit zu und kraulte abwesend WolfZwei. Seit er wieder aufgetaucht war, mit hängender Zunge und einer Schramme am Bein, aber lebendig, trennten die beiden sich nur selten. Jade hatte sich mit ihm in den letzten Tagen immer wieder zu uns gesetzt, während Merle und ich Unkraut rupften, um uns darauf hinzuweisen, wenn wir etwas übersahen. Merle solle nichts stehen lassen.

»Hunger.« Vielleicht hatte nur ich sie gehört. Ella sortierte gerade die Mirabellen, die schlechten in einen Eimer für uns, die guten für den Markt in eine flache Kiste, die mit dünnem Papier ausgelegt war.

»Hunger.« Jetzt lauter. Weil es ein Befehl war, unterbrachen wir die Ernte, wie wir jede Tätigkeit abgebrochen hätten. Ich hätte etwas nach Jade werfen können.

»Nach den Sommerferien geht sie aufs *collège*«, Ella hielt die Stimme gesenkt. Ich kletterte vom Baum, der Boden darunter war bereits aufgesprungen, hart und ausgedörrt.

»Sagst du das wegen ihrem Ton?«

Ella sah mich einen Moment an. Merle trug bereits den ersten Kistenstapel ins Haus.

»Es gibt hier in der Gegend nicht genügend weiterführende Schulen, das heißt, wir wissen immer noch nicht, ob Jade vielleicht am Ende doch ins Internat muss. Nur weil nicht genug Busse fahren, um jeden Tag zu pendeln.«

»Mist.«

Sie nickte und klemmte sich die gefaltete Plane unter den Arm. Vielleicht dachten wir beide in diesem Moment daran: für wen diese Trennung eigentlich die größere Katastrophe bedeutete. Die restlichen Mirabellen sollten die Vögel holen.

Merle verstand sich gut mit Gregor, sie mochte die Arbeit an der Bergerie. Die Schafe oder die Felder interessierten sie nicht besonders, die Ernte übernahm ich inzwischen allein. Mehrere Tage in Folge teilten wir uns auf. Wenn ich vom Feld zurückkam, eilte ich durch eines der Türlöcher in die Scheune, in der Merle und Gregor im Baustrahlerlicht mit neuen Balken bereits die Grundlage für das obere Stockwerk geschaffen hatten. Hier war es kühler als draußen.

»Wir werden noch Hilfe brauchen. Wir müssen die Zeit nutzen, die wir vier Erwachsene sind«, sagte Gregor jedes Mal verlegen, wenn ich ihnen Komplimente machte. Merle hockte meist in grober Arbeitshose und verschwitztem T-Shirt in einer Ecke und bohrte Löcher in die Planken oder sägte etwas zurecht. Wie immer gelang es dem Zopfband nicht, alle ihre Strähnen zu halten. Merle hatte stets etwas Nachlässiges an sich. Eine offene Jacke, die ihr von der Schulter rutschte, ein Schal, den sie neu wickeln musste, damit er nicht zu Boden glitt. Etwas löste sich von dort, wo es hingehörte, Schnürsenkel, die dann beim Gehen neben ihr her faserten, oder eben die langen Haarsträhnen aus dem tief gebundenen Knoten.

»Okay, gebt mir Arbeit«, sagte ich, aber akut fiel ihnen doch nichts ein, was ich tun konnte. Die beiden schienen nicht viele Worte zu wechseln, wirkten entspannt bei der Arbeit und, ich suchte vergeblich eine bessere Beschreibung, einverstanden miteinander.

Dass ich fand, sie könne gut eine Schäferin im Leinenkleid sein, hatte Merle beiseitegewischt, als ich im Wohnwagen eine Decke für sie bezog.

»Du bist verstrahlt, ich mag die Tiere nicht besonders. Ich baue dir aber einen Pferch, wenn du magst. Oder zuhause einen Schuppen für dein Fahrrad.« Grinsend.

Immer wieder sagte sie *zuhause*, wenn wir allein im Wohnwagen waren, oder sprach über neue Objekte, an denen sie im Atelier arbeiteten. Dass sie Mejet auf der Straße getroffen hätte – als könnte ich darauf etwas antworten, es klang wie eine Aufforderung. Sie wartete offensichtlich, bis ich nach einigen Tagen so weit war.

»Ich weiß, bisher habe ich noch nicht viel dazu gesagt. Es ist nur …«, schon musste ich absetzen und Luft holen. Sofort stand ich, obwohl mitten im Wohnwagen, wie in einer Ecke.

»Ich dachte einfach irgendwann: Wenn ich jedes Mal aussteige, wenn ich einen verdächtige«, wieder atmen, »du weißt eh, dass ich nicht mit Absicht, also mit Absicht genau *diese* …«

Merle saß vollkommen still vor mir.

»Jedenfalls: Wenn ich jedes Mal aussteige, komme ich nie an. Ich kann nicht jedes Mal wieder auf die nächste Bahn oder den nächsten Bus warten. Aussteigen, warten und in die nächste Bahn, immer nur eine oder zwei Stationen …«

»Hast du das wirklich gemacht?« Merle streckte den Arm nach mir aus. »Noa, ey.«

Ich stieß Luft aus und nickte. Mir saß etwas auf der Brust. »Ich habe immer vor mir gesehen, wie ich unter einen Sitz krieche, um keine Kugeln abzukriegen, oder die U-Bahn, von außen, so eine U-Bahn-Wurst, die aufgeplatzt ist, und wie dann alle Drähte raushängen, aber auch das blanke Fleisch – von allen, die zu nah an dem Typen …«

»Setz dich.« Merle legte die Hand auf die Bettkante. »Augen zu. Und versuch, die Schultern loszulassen.«

Als ich saß, stand sie auf und stellte sich vor mich. Sie legte mir die Hände warm an den Hals und ließ sie nach unten gleiten, legte sie schwer auf die Schulterstränge, die so tatsächlich sanken, nachgaben unter ihrem Druck. Sie erreichte die Schultergelenke und hielt sie, lang gedehnte Sekunden, leicht umfasst.

Dann ließ sie los und zog Drehzeug und Gras aus ihrem Rucksack. Noch im Stehen begann sie, einen Tip zu knicken. »Es ist besser, seitdem du hier bist, oder?«

Ich nickte und streckte den Rücken. »Wie findest du es denn? Verstehst du, warum ich noch nicht weiß, ob ich im September schon zurückkomme?«

Sie setzte sich neben mir auf die Matratze und blickte eine ganze Weile aus dem schmalen Fenster, durch das man sehen konnte, wie die Metallstäbe auf dem Tomatenacker in der Abendsonne blitzten.

»Es ist ganz schön hier.«

»Ganz schön? Hast du bemerkt, wie leise es ist?«

Merle widmete sich wieder dem Drehzeug.

»Ich finde es toll, und ich habe auch Spaß. Wir haben früher nie Ferien auf dem Bauernhof gemacht. Aber mehr ist es doch nicht, oder? Für mich ist ehrlich gesagt vor allem wichtig, dass es dir gutgeht. Ich dachte ja, du hättest schon früher genug. Von Jade und vom Magd-Sein und allem.«

»So siehst du mich?« Nicht jedes Bild, das ich von mir hatte, durfte auch jemand anderes aussprechen.

Merle fuhr mit der Zunge über das Pape. »Na ja, das ist ein bisschen hart. Aber es ist ja nur halb dein Eigenes hier. Hast du keine Lust mehr aufs Atelier?«

Sie strich mir mit der freien Hand über den Kopf, und diese Geste brachte mich zum Weinen, was uns beide überraschte.

»Ich würde nur gern mehr mit dir zusammen arbeiten, solange du hier bist«, mehr brachte ich nicht heraus, bevor sie alles beiseitegelegt hatte und mich in den Arm nahm.

—

Ella hatte vor Jades Geburt einen Unfall gehabt. Sie war in die Stadt gefahren, eine halbe Stunde jede Strecke, um Futter für den ersten Wolf zu kaufen, der auch schon gefressen hatte wie ein ganzes Rudel. Jade war ein Herbstkind. Als Ella den Unfall hatte, war es noch heiß. Sie erzählte mir davon auf einer unserer Autofahrten. Ich saß im C15 neben ihr, zwischen uns eine Kiste mit der Marktkasse und Werkzeug. Im C15 konnte ich den Kopf drehen und Ella ansehen, während sie sprach, und auch mit Gesten auf das reagieren, was sie mir erzählte. Erst vor wenigen Tagen war mir aufgefallen, dass sich dabei unsere Blicke fast nie trafen. Im Volvo musste ich sonst manchmal hinter ihr sitzen, zum Beispiel weil die Motorsense bis auf den Beifahrersitz ragte. Wenn ich hinter ihr saß, konnte Ella nach vorn sprechen und musste meine Reaktionen nur hören. Immer wenn sie ins Erzählen oder Schwärmen kam, verstellte sie ihre Stimme und machte ausladende Gesten. Sie konnte witzig sein. Ich wusste inzwischen, dass es vor allem diese Situationen waren, in denen sie mich in ihren Nahbereich ließ oder in dessen Randbezirke. Ich bemühte mich deshalb, meine Neugier zu zügeln.

Ella erwähnte Details: dass der Bauch am Unfalltag gegen das Lenkrad gedrückt hatte, dass sie das Gefühl gehabt hatte, der Schweiß sei ihr aus allen Poren gleichzeitig geschossen, nicht ausgetreten oder gelaufen, geschossen. Sie war müde auf dem Rückweg aus der Stadt. Noch am Vormittag hatte sie auf dem Feld gearbeitet, weil Gregor allein den Sommer nicht bewältigen konnte. Mit dem immer schwereren Bauch hatte die Arbeit sie angestrengt, das ständige Hinknien und Aufstehen. Jade war bereits nichts Fischartiges mehr, sondern eine wartende Person. Ich stellte mir die heutige Jade vor, wie sie in Ella hockte und endlich hinauswollte, ungeduldig und wütend.

Ella war auf die Passage zugefahren, der wir uns jetzt aus der anderen Richtung näherten. In der Kurve hier gab es keine natürliche Barriere vor der Tiefe, hier kam zur Talseite hin einfach das Tal. Etwas hatte Ella damals geblendet, die tiefstehende Sonne wahrscheinlich, die sich, aber da war Ella nicht mehr sicher, auf dem Dach des Wagens vor ihr spiegelte. Sie konnte nichts sehen und verlor die Kontrolle, irgendwie, jedenfalls lenkte sie zur falschen Seite.

»Es hat sich Ewigkeiten hingezogen, einmal quer über die Fahrbahn, ich wusste, die Richtung stimmt nicht, ich will in die andere, aber ich schwöre, es ging nicht, das Lenkrad war blockiert.« Ella schwieg und drosselte das Tempo, als wir aus der Kurve kamen. Sie schlich jetzt derart, dass ich unruhig wurde.

»Hier.« Ella zeigte nach rechts, wo hinter einer Kante die befahrbare Fläche einfach aufhörte. Ich wollte dorthin sehen, wo es passiert sein musste, aber mein Blick glitt ab. Die Terrassen, die ich auf der anderen Talseite sah, wirkten verschlafen, und aus dem Schornstein des Hauses, zu dem die Kühe gehörten, stieg trotz der Hitze der letzten Tage Rauch. Ein Busch trug hellen Flaum, das mussten späte Blüten sein.

»Es ist komisch, was man in so einem Moment denkt. Ich hing kopfüber und habe über die richtige Atemtechnik nachgedacht. Erst habe ich lange gar nicht und dann einmal ganz tief in den Bauch, runter zu Jade geatmet.«

Sie waren senkrecht den Abhang hinuntergestürzt. Der Wagen hatte sich mehrmals überschlagen und war dann auf dem Dach liegen geblieben. Ich sah sie wie von der anderen Flussseite, vom Kuhgrundstück aus, das dunkle Auto wie in einem Film die ockerfarbene Kante hinunter, wie fliegen, Motorhaube voran. Die Welt musste eine einzige Erschütterung gewesen sein. Ich hatte eine Ahnung, wie sich Aufschlagen anfühlte, aber dabei ging es um einen Sturz vom Fahrrad oder darum, mit dem Kopf an ein geöffnetes Fenster zu stoßen. Wie musste das für den Körper sein, wenn er beschädigt wird und dabei einen weiteren in sich trägt? Ich sah Ella an, die für einen Augenblick den Kopf drehte.

»Hattest du währenddessen Angst?«

»Nein. Ich habe in keiner Situation vorher oder nachher so tief gewusst: So ist das jetzt. Schwer zu beschreiben. Das hatte etwas Beruhigendes.«

Ich nickte langsam. Einen Moment lang war nur der Motor zu hören, der immer wieder ruckelte. Ella beschleunigte endlich den Wagen. »Die Leitplanke da. Die gibt es erst seitdem. Die hat die Gegend mir zu verdanken.« Sie lachte. »Ehrlich gesagt bin ich den Verdacht nie ganz losgeworden, dass das Auto manipuliert war.«

Ich hob die Augenbrauen. »Du verarschst mich doch.«

Sie schüttelte den Kopf. »Ich hatte nie die Energie, der Sache nachzugehen. Aber ich würde es ihr zutrauen. Das mit der Klage weißt du, oder?«

Ich nickte.

»Sie will uns weghaben. Es spricht jedenfalls Bände, dass wir im selben Haus wohnen und uns trotzdem nie begegnen. Ihr Sohn ist ein Schoßhund, der macht, was sie sagt, warum nicht auch …«

Wirklich gegenübergestanden hatte ich der Nachbarin nur ein einziges Mal. Ich hatte frühmorgens den oberen Salat-Acker wässern wollen, den wir immerzu vergaßen. Dabei war ich ihr beinahe vors Auto gelaufen. Ihr Mercedes hatte auf dem Kies erstaunlich wenig Geräusche verursacht. Durch die Scheibe sah ich die Frau wüten und mich verfluchen, aber nur mit den Augen. Ihr Mund war nicht mehr als eine Nahtstelle zwischen Nase und Kinn.

»Aber warst du nicht verletzt?«

»Was meinst du?«

»Von dem Unfall. Und Jade?«

»Fast nichts. Ich habe nie an etwas geglaubt, und wenn du Gregor hören würdest … Aber einen Schutzengel oder zwei finde ich nicht abwegig. Die mussten mit einem Hubschrauber kommen. Es hat ewig gedauert, und ich durfte mich nicht abschnallen. Gregor war zu dem Zeitpunkt schon da. Der hat so über die Rettungskräfte gemotzt.« Ella griff sich an die Stirn. »Der Sanitäter, den sie mir an die Seite gestellt hatten, hat sich gar nicht mehr getraut, mich zu berühren. Ganz jung war der. An mehr kann ich mich nicht erinnern.« Sie hielt inne. »Das ist glatt am schlimmsten, dass ich überhaupt keine Erinnerung ans Fliegen habe.«

»Ach komm.«

Sie setzte den Blinker, um einen Bus zu überholen, der überfüllt und außen voller Schmierereien war. Es war Feierabendzeit: spät, um eine neue Weide zu stecken.

»Na, der Ausblick muss toll sein, die Urlauber machen das ja, weiter flussaufwärts, mit so albernen Gleitschirmen. Aber abgesehen vom verpassten Flug«, sie hob beide Hände vom Lenkrad, »mein Brustbein war gebrochen, ich musste ein paar Wochen so einen Gurtverband tragen. Der hat mich ein bisschen zusammengepresst, ich konnte mich nicht bücken. Das war alles.«

»Wahnsinn.« Ich griff hinter ihren Sitz und zog die Plastikflasche aus dem Stoffbeutel, der dort für gewöhnlich lag.

»Habe ich vorhin neu aufgefüllt, das ist frisch.«

Wir fuhren inzwischen Serpentinen in ein Nachbartal, das ich zu meiner Überraschung noch nicht kannte. Manchmal blieb in einem solchen Tal nur Platz für ein einziges Haus mit einer einzigen Wiese, ich mochte diese engen Winkel nicht. Die Dämmerung erreichte sie immer als Erstes, und noch in der größten Hitze wirkten sie dann kalt und abweisend.

Die Straße war jetzt nicht mehr breit genug für zwei Fahrzeuge, und die Kastanien standen so nah, dass ihre Kronen sich über uns berührten.

»Mal sehen, wie lang Élaine und Martine uns noch lassen. Die Leute finden Schafkacke auf ihren Wiesen plötzlich eine

Zumutung, die kaufen sich jetzt alle Rasenmäher.« Ella bog auf einen Feldweg ein, eher eine dürftige Schneise mit ausgetrockneten Pfützenlöchern. Ich schlug einmal hart mit dem Kopf an und fluchte.

Die Stelle spürte ich noch, als ich, einen Elektrozaun unter jedem Arm, Ella durch das kurze dichte Gras dorthin folgte, wo wir zu stecken beginnen würden. Das dunkle Grün hier wies auf einen satten, nährstoffreichen Boden hin. Vielleicht hatten die Wiesen mehr Wasser, weil sie in diesem engen Tal alle so nah an den Fluss heranreichten? Luxusboden war das, der mich erstaunte und erleichterte, dankbar machte, als sei er, was er war, für mich.

Die Abendkühle kroch mir in den Kragen. Es roch hier anders, auch der Geruch dunkler, aber das bildete ich mir vielleicht nur ein. Auf einer Wiese standen Obstbäume, dort durften wir nicht zäunen. Flechten und Moos überzogen die Stämme wie Vogeldreck. Ich ging langsamer, der Abstand zu Ella wurde größer.

Élaine und Martine – das waren zwei Frauennamen. Einige hundert Meter weiter, zum Talschluss hin, stand ihr Haus, eher eine Hütte, eingewuchert von etwas, das ich nicht benennen konnte. In Blüte, vielleicht Magenta, würde es das Gebäude in etwas Helleres verwandeln. Drinnen stellte ich es mir finster vor, trotzdem gemütlich. Bestimmt befand sich dort alles nah beieinander. Wann immer Élaine etwas brauchte, es lag oder stand in Griffweite. Ob sich auch hier Stapel von Zeug auf jeder Ablagefläche türmten wie in unserer – in Ellas und Gregors – Wohnküche? Gab es hier einen großen Teppich, hell und kühl, immer freigelassen für zwei ausgestreckte Personen? Erst jetzt fiel mir der große Gemüsegarten vor dem Haus auf. Ob sie sich zusammen darum kümmerten und ähnliche Vorstellungen vom Pflanzen hatten, wie groß ein Abstand, wie tief eine Wurzel ... Ob sie sich je einig wurden in diesem engen Tal? Vielleicht hatte eine ein größeres Bedürfnis nach großen Worten als die andere. Ob Élaine und Martine schon alt waren? Wie das sein musste, mit einer alt werden.

Ella ging schnell, sie hatte die Batterie fast schon erreicht. Die Schneise war bereits geschnitten, es würde nicht so lang dauern wie sonst. Gregor hatte am Vormittag damit angefangen, aber zu wenig Zaunmeter eingepackt. Ich konnte mir vorstellen, wie er dastand, die Motorsense am Gurt neben der Hüfte baumelnd, und in die Gegend blickte. Sehr lang und müde, um dann einfach, *Effizienz ist das Prinzip eines Marktes, den wir ablehnen*, zurück nach Hause zu fahren.

Es war angenehm, den Zaun nicht allein aufbauen zu müssen, dessen lange, immer beschädigte Litzen sich sonst ständig um meine Füße wanden, sich in Brombeerranken verfingen, während der Arm, der den gerafften Zaun und die Pfosten trug, schwerer und schwerer wurde. Ich zog mir die dünnen Ärmel weiter zu den Händen hinunter, um mich vor Mückenstichen zu schützen. Wie mit einem feinen Stift umrandet, standen die Schafe und kauten. Bevor es ganz verschwand, gewann das Licht an Schärfe. Beim Näherkommen konnte ich hören, dass irgendwo ein Zweig im Zaun hängen musste. Regelmäßig klackte es von den kurzen Stromstößen, die sich, fehlgeleitet, entluden, anstatt geschlossen den Zaun zu elektrifizieren. Die Schafe ließen sich von Ella und mir nicht stören und drängten sich einmal nicht laut an der Umzäunung. Vielleicht hätten wir noch zwei Tage warten können mit der Vergrößerung der Weide. Das hätte ein frühes Abendessen bedeutet, einen frühen Feierabend, etwas Zeit für uns, für Merle und mich.

Ella hockte sich vor den Zaun, zog den Eimer von der Batterie und stellte den Strom ab. Das Klacken setzte aus. Wir sprachen nicht, ich hielt ihr den ersten Plastikpfosten hin. Routiniert verband sie die kleinen Leitmetalle mit dem Zaun, der bereits stand. Sie richtete sich auf.

»Ich kann ihn gern nehmen, dann steckst du.«

Ich dankte ihr und ließ sie vorgehen. Wir schwiegen wieder, während ich mich bemühte, unter ihrer Beobachtung mit den Pfosten alles richtig zu machen. Ella war in den Alltag zurückgetreten, in mir überschlug sich das Auto noch weiter. Jade saß in diesem Augenblick wahrscheinlich in der Küche, ärgerte sich über etwas oder sah eine Serie, biss auf dem Ende eines Kugelschreibers herum. Als wäre es ganz selbstverständlich zu ihrer schönen kleinen Person gekommen.

»Kannst du den letzten noch einmal machen, schau, unten ist verdreht.« Ella, die Arme voll, nickte die Reihe entlang.

Ich kniete mich hin, um das verschlungene Material vom Haken zu lösen, den man in die Erde drückte.

»Sag mal«, Ella sah mich an, und in diesem Moment ragte sie hoch über mir auf, »du hast doch diesen Job in Deutschland. Warum hast du damals nach Höfen gesucht? Ich will das schon lange fragen. War es das, von dem du mir erzählt hast?«

Ich richtete mich auf und trat einmal mit dem Fuß auf den Metallhaken. Ich hob die Schultern und nickte halbherzig.

»Das Übliche, denke ich, ich wollte eine Auszeit. Ich habe eine Zeit lang die Stadt nicht gut ausgehalten.«

Es hatte nur den Anschein, als würde ich Ella offen ins Gesicht sehen, bis zu den Augen reichte mein Blick nicht, nur etwa auf Wangenhöhe. Ich konnte spüren, dass sie auf mehr wartete. Die nächsten zwei Pfosten ließen sich kaum im Boden versenken, der plötzlich steinig war wie das Flussbett. Ich musste mich darauf konzentrieren, fand keine Stelle, an der der Metallhaken tief genug gelangen konnte, um den Zaun stabil zu halten. Mit der wachsenden Ungeduld stieg

Hitze in meine Wangen. Ich trat zu fest mit dem Fuß nach, die Spitze brach.

Ella kam zu mir und reichte mir den Zaun.

»Ich mach schon. Heute sparen wir uns das Auswechseln, sonst ist es ganz dunkel, bis wir fertig werden.« Sie sagte das ohne Vorwurf. Erleichtert wich ich einige Schritte zurück, um ihr Platz zu machen.

»Du musst auch gar nicht erzählen«, sagte sie leise, während sie den Stab einfach so in den Boden rammte, die Metallspitze hatte sie in die Hosentasche gesteckt. »Die meisten kommen nicht ohne Grund. Du hast es bestimmt von Gregor gehört, wir sind eine Versehrtenstelle oder wie er es nennt.«

Sie war nicht mehr in allen Einzelheiten zu erkennen. Dass ihr Zopfband bald von den Haaren rutschen würde wie bei Merle, wusste ich eher, als dass ich es noch sah. Ella schien zu wissen, an welchen Stellen der Boden keinen Widerstand leistete. Wir kamen wieder schneller voran. Vielleicht war der Moment tatsächlich günstig. Vielleicht könnte ich mich *wirklich* begreiflich machen.

»Du hast mir letztens diesen Ausdruck erklärt. Erinnerst du dich? Einen französischen. Ich war ganz begeistert.«

»Oh, keine Ahnung. Du freust dich doch meistens über neue Wörter.« Ich konnte hören, dass sie grinste.

»Nimm du die letzten zwei. Ich mache mal auf.«

Wir hatten das andere Ende der alten Weide erreicht. Das Gehege wurde nur noch von einem Zaun durchschnitten. Auf der einen Seite die Tiere, auf der anderen das Futter, Ella und ich.

»Ich kann den schnell allein abbauen. Dann geht's heim«, sagte Ella.

Elmo stand mir am nächsten. Ich langte über den Zaun, legte, wie noch vor wenigen Wochen zur Flaschenzeit, die

Hand zwischen seine Ohren. Das Fell kräuselte sich jetzt stärker. Noch wuchs es nicht lang genug, dass sich Disteln oder Brombeeren darin verhaken konnten. Ich betrachtete die Linien der Blesse auf seinem Schädel und verstand erst nach einigen Sekunden, dass es Regen war, der meine Hand befeuchtete. In feinen, dann immer größeren Tropfen begann es zu regnen.

Elmo schüttelte meine Hand ab. Während Ella die Sperre öffnete, sah ich zu den Wolken hoch, und Erleichterung löste mir die Glieder, dass ich mich glatt den Tieren anschließen wollte. Die Schafe stürmten durch das Tor, das wir bildeten: auf die andere Seite, alle Geduld verbraucht, wild durcheinander, aber in sicherem Abstand zu den Menschenfrauen, und über die ganze neue Fläche, als wäre das keine Nahrung, was sie da zur Sprungunterlage zerdrückten.

Von einer gereizten, ängstlichen und angespannten Person sagt man im Französischen, sie habe die Empfindsamkeit eines am lebendigen Leibe Enthäuteten. Ich drehte mich um, sah durch den Schauer noch einmal zum Haus und folgte dann der Linie des alten Zauns durch die verbrauchte, liegengelassene Wiese zum Auto, das im Schutz der Kastanien stand.

—

Gregor war in dicker Regenjacke für zwei Stunden verschwunden, *Geräte abdecken.* Merle und ich klebten Etiketten auf Konserven für den Laden und verstauten sie in leichten Holzkisten. Wir sangen Songs aus dem Internetradio mit. Jade saß bei uns und lachte, immer wenn die Verbindung stockte und unser Singen unterbrach. Der Strom funktionierte erst seit dem Morgen wieder. Ella öffnete von außen die Tür, während sie noch die schweren Arbeitsschuhe auszog.

»Sieht so aus, als würde der Fluss bald über die Ufer treten.« Sie musste laut sprechen, um gegen die Musik anzukommen.

Jade hängte sich an ihren Arm, rutschte wie magnetisch auf ihren Schoß, als Ella sich auf den Stuhl vor dem Computer setzte. »Hier ist ja Stimmung.«

Ich wischte den von Staub und Kellerluft verklebten Deckel eines Glases ab und gab es an Merle weiter. Merle drehte sich zu Ella.

»Der Fluss, ist das nicht ein gutes Zeichen?«

Ich nahm das nächste Glas und stellte mir vor, wie dem Boden nun endlich genug Wasser in die Risse lief, sie auffüllte, überfloss, sie schloss.

Ella drehte sich zu uns und verzog den Mund so, dass etwas in mir tiefer sackte – wo der Atem sein müsste, setzte die Unruhe ein.

»Ehrlich gesagt ist das kein gutes Zeichen. Ich bin gerade über die Brücke gefahren, die hat es das letzte Mal, vor neun Jahren, einfach weggefetzt. Ich mach das mal aus.«

Die plötzliche Stille, in die Ella sprach, drängte sich auf. An alle Fenster hörten wir es jetzt klatschen. Ich wünschte mir, dass Ella wieder hinausginge und wir die Musik wieder aufdrehen und weitersingen könnten.

»Das war das Hochwasserjahr. Der Jahresniederschlag von Paris in nur wenigen Stunden. Wir hatten die Schafe unten an der Flussweide, na, und dann hatten wir sie nicht mehr dort. Ein Drittel der Herde wurde weggespült.«

»Das war schlimm.« Jade schüttelte sich.

Ella strich ihr übers Haar. »Daran erinnerst du dich nicht, du warst noch ganz klein.«

»Ehrlich, Ella: Nach allem, was ich jetzt von euch und Noa

gehört habe, erschossener Hund, Überschwemmung, Unfälle – als würde sich die Gegend wehren. Habt ihr nie an Aufgeben gedacht?«

Merles Blick traf meinen, sie wusste, dass ihre Direktheit die Leute vor den Kopf stoßen konnte.

»Nicht ernsthaft. Wir haben uns eben festgebissen.« Ella schaukelte Jade leicht hin und her, Nase und Mund in Jades Haaren versenkt. Dann spannte sich ihr Körper wieder an.

»Jedenfalls wollte ich euch eigentlich holen kommen. Wir haben die Mütter ja grade erst nach unten gebracht, so schlechtes Timing! Jetzt müssen wir uns ein bisschen beeilen. Das letzte Mal hat sich eine richtige Flutwelle entwickelt.«

Jade schnaubte.

»Die Welle war nicht hier, das passiert eher in der Stadt, wenn das Bett dem Fluss eigentlich zu eng ist, da wird das Wasser noch schneller und kann nicht ausweichen.«

Ella schob Jade sanft von ihrem Schoß und stand auf.

»Ganz so schlimm wird es diesmal nicht sein. Damals kamen ganze Wände von oben runter, und das über Nacht. Natürlich verstehe ich auch, dass ihr euch davon beruhigen lassen wollt, sieht ja aus, als könnte jetzt alles auftanken. Aber das ist ein Missverständnis. Man muss sich nur vorstellen, es ist wie Trinken für uns.«

—

Die Kapuzen mussten wir mit der Hand vorziehen und spannen, damit uns der Regen nicht in die Augen lief, der den Äckern schon die Ränder abgrub. Es war dämmrig, lange vor der Dämmerung. Kleine Bäche überall, keine Kante, kein Blatt, kein Vorsprung, von dem es nicht stürzte und fiel, keine Fläche, auf die es nicht klatschte. Kein Tier war zu sehen.

Merle und ich sollten unterhalb der Ruinenweide auf halbem Weg im Wald warten, *nur aufpassen, dass es euch nicht runterspült.* Wir hielten uns an jungen Stämmen fest, während wir uns langsam und tastend den Hang hinabließen. Der Boden stellte sich schnell als einigermaßen begehbar heraus, erst als wir stehen blieben, bildeten sich Rinnsale um unsere Schuhe. Die Bäume hielten sich ähnlich schräg gegen die Böschung wie wir.

»Ich frage mich ja, ob sie uns wirklich erst hier oben brauchen.«

Merle fluchte und drückte sich nah an die Stämme, als würde sie dort weniger nass. »Wir sollen doch einfach einen bestimmten Abzweig blockieren. Was meinst du, sind wir schon richtig?«

»Nein.« Der Geruch von aufgespülter Erde und durchweichtem Laub hing schwer zwischen den Bäumen. Ich schob mich weiter, einmal rutschte ich weg und landete auf dem Unterarm. Die Kapuze hatte ich längst losgelassen. Der Regen war ein großes Geräusch geworden, nichts mehr, was ich im Gesicht noch gespürt hätte.

»Ich glaube, die waren sich selbst nicht sicher, was sie erwartet.« Als wir losgegangen waren, hatte ich gesehen, wie Ella und Gregor einen neuen Zaun, aber auch eine feste schwarze Plastikwanne in den Kofferraum hoben. Merle deutete nach vorn, wo sich ein ganzes Stück unter uns etwas hell bewegte und mit einem Knirschen der C15 auftauchte. Dort musste der Geröllweg verlaufen, der zum Fluss hinunterführte und den wir *Blättertunnel* nannten, weil er ganz von Grün umschlossen war. Dieser Pfad, eher eine schräge Bruchkante im Hang, war im Mittelalter angelegt worden und dann, schwer vorstellbar, für lange Zeit die Hauptstraße der Gegend gewesen. Das Auto vor uns schwankte wie ein Boot, es schien auf dem ausgespülten Weg von Brocken zu Brocken geworfen zu werden.

Ich wollte nicht, sah aber die Brücke im Dorf vor mir, wie sie stand und im nächsten Moment von den Wassermassen gesprengt wurde. Die Niederschlagsmenge eines Jahres in wenigen Stunden: Das musste die Wucht ganzer Schwimmbecken voll sein, die auf alles fielen, auf den Marktplatz, auf ein Autodach, auf die Köpfe der Herde.

»Sie hätten längst kommen müssen.« Wir warteten. Ich wollte nichts mehr, als den Kinderschopf mit den langen Haaren im Unterholz auftauchen sehen. Jade müsste im Wald leuchten und uns zurufen, dass alles in Ordnung sei.

»Das kann alles Mögliche bedeuten, vielleicht bauen die noch den Zaun ab? Oder es gibt noch ein Gerät, das Gregor retten will.«

Ich versuchte ein Lachen. Gegen die Unruhe anarbeiten: nicht aussprechen, was sich mir aufdrängte, sondern etwas anderes, mich an die Version halten, die wahr sein *sollte*.

Merle legte mir den Arm um die Schulter. Ich spürte, wie von diesem sanften Druck das Wasser durch alle Stoffe sickerte und mir über die Haut rann. Vielleicht müsste ich noch weiter gehen, wenigstens einmal – dorthin, wo wirklich etwas zu sehen wäre, mir etwas geschehen könnte.

Endlich erkannte ich ein helles Geräusch als Rufen. Merle ging voran, und keine von uns rutschte mehr aus, wir bewegten uns plötzlich sicher und schnell, als könnten unsere Augen noch die Umrisse einzelner Blätter am Boden ausmachen.

Tatsächlich war es Jade, die auf dem Weg stand und uns entgegenblickte, die Kapuze war ihr vom Kopf gerutscht, und die Haare klebten ihr als dunkler Schal auf dem Schädel.

»Wir mussten dreimal zählen! Da ist abartig viel Wasser.

Die Zahl stimmt nicht, aber das eine, das fehlt, kann auch schon seit ein paar Tagen weg sein. Papa fährt gleich wieder hoch. Könnt ihr mir hiermit helfen?« Sie zog vergeblich an einem von der Witterung gerillten Holzpflock, an dem grober Maschendraht befestigt war.

»Grundstücksgrenze. Wenn wir hier aufmachen, können sie hoch bis zur Weide.« Jade wich zur Seite, damit Merle und ich es versuchen konnten. Sie sah über die Schulter und wurde schriller: »Schnell, Mama kommt gleich mit allen!« Ich hörte, wie weiter unten der Motor gestartet wurde. Gregor würde mit dem Auto von hinten treiben, Ella vorangehen. Wir bekamen den Pfosten nur mit Mühe aus dem Boden, aber rechtzeitig, bevor Ella kam.

»Jade, schafft ihr das im Wald dann auch zu zweit, Merle und du?«

—

Ich sagte mir, dass ich es schön fand, das Prasseln und Strömen. Oben würden sich die Brombeeren vollpumpen und schwarz im Gestrüpp stehen, dass man nur hineingreifen müsste und die Hand davon saftig zerlief. Ich sagte mir, dass es mich nicht allzu aufgeregt machte, die Einzige hier unten zu sein und zu sehen, wie die Trockenheit der Erde rückgängig gemacht wurde und alles endlich zur Ruhe kommen würde, zurück ins Gleichgewicht. Dass es außerdem wichtig war, mir anzusehen, was aus dem Fluss geworden war, weil Vermeiden, alles Vermeiden nur eine Stufe sein konnte, und Stufen musste man hinauf oder hinab, sie jedenfalls verlassen – dass es diese Aufregung sein musste, die mir in den Armen pulsierte: Die anderen wären bald am Haus angekommen, und ich würde eine Stufe nehmen. Ich war als Letzte mit dem Wetter übrig.

Noch hielt der Blättertunnel mich umschlossen, es gab nichts als seine Dunkelheit, unten würde sie sich öffnen. Ich war als Letzte mit dem Wetter übrig, als Letzte, was würde das heißen? Dass Blätter so dunkel, dass Blätter ein Schlund und ein Schacht werden konnten, dunkel, dass ich, auch wenn ich langsamer ging, die Wände nicht mehr – dass ich den Schacht bald als Bahnschacht sah, durch den ich mich schieben musste, und hinten dann, und von vorn ein Licht von der Flussweide.

Mehr als ein Fluss war der Fluss geworden, so nah: die braune walzende Fläche, die Wirbel darin, geknickte Bäume, die Äste umgefaltet gegen den Strich, was hatte ich mir dabei eigentlich – ich war als Letzte mit dem Wetter, mit dem Fluss, ich war als Letzte übrig. Ich musste langsamer gehen, ich war zu weit, so dunkel unter den Bäumen, die das Wasser, die Bäume, über mir, verzögerten, dünnten es aus, das Klatschen, den Kapuzenknall vom Regen, ich holte tief Luft durch die Nase. Ein, durch die Nase, fest.

Ein, das Knallen auf der Kapuze, am Ende würde *ich* trocken bleiben, schuldig, weil, aus, schon wieder verschont, während da unten alles aus dem Boden riss, ein, wegspülte. Aber auch hier, wenn ich hinab, um die Stiefel, aus, sah, Wasser, stand selbst längst, ein, hatte die Füße längst mitten in einem Zustrom, vom Hügel Bäche über den Weg und weiter. Wenn ich wirklich die Letzte, wenn das Wasser längst über alles gestiegen war, mea culpa vor die Stirn, aus, vor die Brust, ich spürte die Hände nicht, wenn da nichts mehr blieb, meine Füße im Strom, ein, langsam, das Flackern griff über, die Taubheit kam auch hier, der Tunnel lichtete, da unten würde die Weide, der Talweg sich, da würde eine Öffnung, da – ich konnte mich setzen. Ich fühlte den Stein unter mir, der Stein war fest, und ich atmete aus, presste, die Lunge, den ganzen Atem, ausatmen.

Irgendwann konnte ich die Hände ausschütteln, dann wieder spüren, ich hob den Blick nicht vom Geröll. Alles schlug in Schluchzen um. Ich war hier, aber ich wollte nicht zusehen. Ich war hier, und ich sah zwischen meinen Füßen kleines Getier im Wasser strudeln.

Das Weinen kam als Würgen, stieg nicht, war kein Fluss, sondern ein körperlicher Anfall: Warum konnte das immer noch über mich kommen? Jemand sollte mir Ohrenschützer und eine Schlafmaske geben. Ich wollte die Geräusche selbst nicht hören, die da aus meinem Körper drangen, von tief unten aus der Bauchgegend, aus der Kehle, gleichzeitig das hohe Wimmern vom Kopf her. Jemand sollte die Körner im Eimer schütteln, und ich müsste nur folgen. Jemand sollte das Getier aus dem Wasser holen. Ich biss mir in die Hand. Darüber wurde mein Schluchzen endlich ein fremdes Geräusch, das schließlich nicht mehr zusammenhing mit der Haut, in die ich biss. Die Abdrücke würden sich wieder glätten, nur blasse rote Spuren zurückbleiben, die an harmlose Kratzer erinnerten, nicht an Zähne.

Ich hielt die Hände in die kühle Pfütze, vielleicht könnte ich dem Insekt eine Brücke bieten, ein Netz, es hinauffischen. Der länglich gekrümmte Panzerkörper wand sich noch, ich fokussierte ihn, um ihn zum Weiterwinden aufzufordern, nur einen Moment weiter. Eine Armlänge hinter den Stein legte ich das nasse Getier aufs Gras. Zog die Hand zurück, bevor es mich stechen würde, und fühlte mich erleichtert.

Als ich aufstehen konnte, irgendeine Zeit später, wässerte ich mit jedem Schritt selbst den Weg. Die Luft war nicht wesentlich kühler geworden, trotzdem klapperten mir die Zähne. Der Fluss hatte sich bis in die Mitte der abgegrasten Fläche ausgebreitet und musste den Tieren, viele Meter neben seinem eigentlichen Lauf, um die Hufe gestanden haben.

Trotzdem war dieses Wasser, auf das ich jetzt blickte, ein stehendes Wasser. Es hatte mit mir nichts zu tun, es drohte *mir* nicht. Es würde mir nicht nach- und nicht nahe kommen. Ich konnte mich umdrehen und endlich zum Haus gehen. Den ständigen Kontrollblick zurück unterdrückte ich.

Obwohl ich den Geröllweg statt den steilen Berghang nahm, kam ich langsam voran, wegen des Gewichts der durchtränkten Kleidung oder wegen meines eigenen. Ich schleppte daran, durch den Blättertunnel zurück nach oben, wie man durch den Bahnschacht gekrochen wäre nach der Explosion, die nie eintrat, nach dem Stillstand, nachdem das Gefährt zum Stehen gekommen war.

Ich griff nach einem Holzpflock neben dem Weg und strich im Vorbeigehen über seine Spuren. Der Sturm hatte Äste abgeworfen, die ich aufheben und in Händen halten, mit denen ich mich weiterdrücken konnte. Das war mir noch nie so früh gelungen: wieder etwas greifen, ein Material an den Händen fühlen, eine körperliche Aufgabe ausführen, mich auf eine Abfolge konzentrieren. Eine Wolkenschicht musste sich gelöst haben, der Geröllweg stieg gut erkennbar vor mir an. Ich ging müde weiter. Ich hörte jemanden rufen. Ich wollte antworten, Merle vielleicht, die an der Straße stand und nach mir rief, schon eine Weile nach mir suchte.

Bis zum Aufgang an der Ruine waren es nur noch wenige Meter, da stand plötzlich ein einzelnes Tier vor mir. Reglos und schmal stand es auf dem Weg und sah in meine Richtung. Es kaute nicht, es schlief nicht, es hatte die Augen offen. Erst hinter ihm lichtete sich der Bewuchs, es wurde vom Wald geschützt. Es war ein Anker. So konkret, mitten in meinen Aufstieg gestellt, wirkte es seltsam beruhigend, obwohl es eine Erscheinung hätte sein können, ein Hologramm. Als ich näher kam, wich es nicht zurück.

Mit einem Ruck riss ich die Arme nach oben, die langen Äste in meinen Händen schlugen gegeneinander. Vielleicht könnte ich es hochtreiben, es war zu schwer, um es zu tragen. Das Tier schlackerte mit den Ohren, die Flanken hoben und senkten sich, aber es blieb stehen.

Jetzt konnte ich auch antworten. »Merle!« Jedes normale Schaf wäre vor diesem Schrei zurückgezuckt. Wie sollte ich es den ganzen restlichen Weg hochbekommen, wenn es auf nichts reagierte? In winzigen Schritten schob ich mich links um das Tier herum. Das Schaf musste zu den Einjährigen gehören, eine zukünftige Mutter. Wenigstens den Zaun müsste ich ihm öffnen. Aber wie ich auch zog, der Pfosten ließ sich nicht lösen. Er musste vor Jahren geschickt in ein Knäuel von Wurzeln geschlagen worden sein, das ihn nun festhielt. Von hier aus konnte ich besser sehen, wie schnell der Atem des Tieres ging. Es stand der Gegend gegenüber und blieb mit erhobenem Kopf stehen.

»Noa?« Es war Merle. Aber ich konnte sie immer noch nicht sehen. Vielleicht stand sie an der Ruine.

»Gleich.«

Ich versuchte es mit dem nächsten Holzpflock, der viel heller war als die übrigen und irgendwann ausgewechselt worden sein musste. Das Schaf drehte nicht einmal den Kopf nach mir. Hin und wieder schlug es mit den Ohren nach Fliegen, die in auffällig hoher Zahl um seinen Kopf schwirrten. Als ich den Pflock endlich herausbekommen hatte, legte ich ihn so flach wie möglich auf den Boden. Ich bog und drückte, aber der Maschendraht gab nicht genug nach, die Spannung auf dem alten Zaun war zu groß: An allen Stellen hätte das Schaf mindestens einen kleinen Sprung machen müssen.

Wieder rief Merle. Ich drückte ein letztes Mal.

Als ich bei ihr ankam, legte Merle mir die Hand auf den Rücken.

»Wo warst du so lang? Die Schafe sind alle direkt in die Ruine, richtig eng da drin. Die sehen aus, als würden sie sich vor dem Wetter fürchten.«

Ich spürte eher, als dass ich sehen konnte, wie sie mich von der Seite musterte. Der Rand meiner Kapuze musste ihr im Weg sein. »Schau mich mal an.«

Als ich den Kopf drehte, kniff sie die Lippen zusammen und legte den Arm fester um mich. »Komm. Scheiße, tut mir leid, dass ich nicht bei dir geblieben bin.«

Ich schüttelte heftig den Kopf. Bis hierher hatte ich es selbst geschafft. Eine körperliche Abfolge, eine Fläche, auf die ich mich konzentrierte. Selbst etwas in der Hand halten, an etwas ankern, dass nicht immer jemand anders nach mir greifen musste.

»Warte. Da steht ein Schaf allein auf dem Hang, das überhaupt nicht reagiert. Es hat gar keine Angst. Zu zweit können wir es vielleicht hochkriegen.«

»Vielleicht ist es ihm in der Ruine einfach zu eng.«

»Die sind nie allein irgendwo. Und es steht vor dem Zaun. Es hat sich vor nichts erschreckt.«

»Wenn es so entspannt ist, wie du sagst, steht es auch später noch dort. Jetzt gehen wir zum Wohnwagen, erst müssen wir uns um dich kümmern.«

Merle ließ nicht los und schob mich sanft auf die Straße und weiter hinauf trotz all meines Gewichts.

9

Merles letzter Abend fiel mit einem Nachbarschaftsessen zusammen. Die Nachbarin mit dem roten Peugeot hatte dazu eingeladen. Wenige Kurven weiter bergauf lag hinter ihrem Haus eine Terrasse, die genug Platz für etwa zwanzig Leute bot. Karim würde mit seiner Freundin kommen, einige Ältere aus dem Dorf, deren Namen ich noch nie gehört hatte, außerdem Magalie mit ihrer Familie und die Honigfrau aus dem Gemeinschaftsladen. Mit der Nachbarin aus unserem Haus, der Frau mit der Mundnaht, rechnete niemand.

»Das ist so eine böse miese Kuh, niemand lädt die ein. Die hat uns verklagt für eine ganz kleine Sache auf der Wiese da bei uns, ich weiß nicht mal genau, was.« Jade stampfte am Nachmittag neben mir über die Straße, während wir die Böcke, nur etwa fünfzehn Tiere, zurück zur Weide trieben. Merle ging ein Stück voraus, um den neu aufgestellten Zaun zu öffnen, sobald wir zum Grundstück kämen.

»Warum bist du so schlecht drauf? Es wird bestimmt nett morgen Abend, Magalie kommt sogar mit ihren Kindern.«

Jade lief ein paar Schritte vor mir her. »Ist mir egal.«

Öfter als nötig schlug sie mit ihrem Stecken auf den Asphalt und stresste die Tiere.

»Hey, mach mal langsamer.«

Jade fuhr herum. »Ich mach das schon immer, du weißt es bestimmt nicht besser als ich, ja? Ihr habt einfach ein Schaf sterben lassen, so gut kennt ihr euch aus.«

»Wir wissen doch gar nicht, ob es tot ist, oder hast du es inzwischen gefunden?«

Jade schüttelte den Kopf.

In der Ruine bei den anderen hatte es nicht gestanden, aber im Wald hatten wir es am Abend auch nicht mehr gesehen – ich hätte es an einem dunklen Fleck ums Auge wiedererkannt. Mir graute davor, in ein paar Wochen zur kleinen, aber rutschigen Schlucht gerufen zu werden, wo wir es vom feuchten Gestein kratzen müssten.

»Was ist los, Jade?«

»Nichts.«

Sie schlug noch einmal auf die Straße, und die Schafe begannen zu rennen.

Merle, die nicht damit gerechnet hatte, erreichte den Eingang zur Weide nur gerade so rechtzeitig: Sie riss die Arme nach oben und schrie, um ein paar Tiere im letzten Moment auszubremsen und davon abzuhalten, an ihr vorbei und die Straße weiter hinaufzustürmen.

»Du musst besser aufpassen, Mann, das wäre fast schiefgegangen!« Jade lief an ihr vorbei.

Merle stand mit offenem Mund da und schaffte es tatsächlich, nichts zu erwidern.

—

Nach dem Mittagsschlaf fühlte ich den Kissenabdruck auf meiner Wange. Ich kletterte nach unten ins Zimmer. Die Hitze war wiedergekommen, und um die Mittagszeit mieden wir den Wohnwagen. Merle hatte auf dem Sofa geschlafen, das meist unter Jades Kleidern vergraben stand, ich im Hochbett. Eine Weile saßen wir schnaufend und schweigend nebeneinander und versuchten, in den Tag zurückzukommen. Ella, Gregor und Jade waren draußen geblieben, zwei Böcke waren direkt wieder ausgebrochen. Merle zog eine unserer Billigschokoladen hinter der Lehne hervor. Wir kauten. Es klopfte sehr vorsichtig. »Ja?«

»Stör ich?« Jades Stimme klang höher und dünner. Normalerweise war sie nicht zurückhaltend mit ihrem Zimmer. Wir antworteten nicht sofort.

»Darf ich reinkommen?«, fragte sie und schluchzte.

»Klar, Jade!«, rief ich. Sofort ging die Tür auf, und sie schob sich langsam hindurch. Mit geröteten Wangen, wahrscheinlich hatte sie gebrüllt. Jetzt war vor allem Verzweiflung in ihrem Gesicht, es war ganz in Tränen zerlaufen, ein paar Haarsträhnen klebten nass darauf.

»Was ist passiert?« Wir rutschten zur Seite, damit sie sich zwischen uns setzen konnte. Sie wollte keine Schokolade, ihre Schultern zuckten wie von einem Schluckauf.

»Aber ich will euch nicht stören«, sagte sie. Sie saß zwischen uns wie ein winziger Vogel. Ich legte ihr den Arm um die Schulter, Merle strich ihr über den Rücken, wir schüttelten beide den Kopf.

»Wir hatten die beiden fast gefangen, das war ja nicht so schwer«, immer wieder unterbrach das Schluchzen ihre Sätze, »und ich dachte, dann kann ich ja zu den Katzen gehen, und hab mich umgedreht, dabei ist ein Bock an mir vorbeigerannt, und wir mussten wieder ganz von vorne anfangen. Papa hat so geschimpft, er hat richtig geflucht.«

Tränen tropften von ihrem Kinn.

»Am Ende hat es geklappt, aber noch an einer anderen Stelle war ich nicht schnell genug, und da hat er«, sie holte Luft, »er hat gesagt, für so faule Stücke wie dich ist hier kein Platz!« Sie knetete das Taschentuch, das wir ihr gegeben hatten.

»Mama hat geschrien, das soll er zurücknehmen. Da hat er den Kopf geschüttelt.«

Ich fühlte mich ratlos gegenüber dem, was so bodenlos war in ihrem Gesicht.

»Aber wo soll ich denn hingehen?«

Ich strich ihr übers Haar. »Er sagt manchmal Sachen, die er nicht so meint. Ich bin mir ganz sicher, dass ihm das gleich wieder leidtun wird.« Ich beugte mich zu ihr. »Schau, du hast gearbeitet, während wir«, ich deutete auf Merle und mich, »einfach einen Mittagsschlaf gemacht haben.« Ich versuchte ein Lachen, Merle verdrehte die Augen.

Unten knallte die Tür ins Schloss, und man hörte Ella, die Gregor lautstark Vorwürfe machte, und ihn, wie er leise, aber wütend dagegen anredete.

»Ich will da nicht wieder runter.« Jades Stimme kratzte, sie sah erschöpft aus. Es gelang mir nicht, mir vorzustellen, wie es hier sein musste, wenn keine Helferinnen da waren.

Beim Hinuntergehen nahmen wir sie in die Mitte und beeilten uns, schnell an der Wohnküche vorbei nach draußen zu kommen.

»Kein Kaffee für uns heute, was?«, sagte Merle und drehte den Kopf zurück, um durch das Fenster in die Küche zu spähen.

—

Seit Merles Abreise nahe rückte, saß ich anders in der Wohnküche, weil mein eigener Abschied jetzt wahrscheinlicher, zum ersten Mal denkbar wurde. Es hatte die Wände verändert, die mir so lang nicht mehr aufgefallen waren, sie waren zu Wänden geworden, von denen ich ausging. Ein paar Gegenstände hatten sich in dem halben Jahr, das ich hier war, dazugesellt, ich konnte sie der Reihe nach abgehen und alle einzeln antippen. Einen Eidechsenschwanz, den Jade und ich gefunden hatten, eine Grußkarte, von der herunter Jades

Münchener Cousins, die sie nie sah, seltsam siegesgewiss in den Raum grinsten. Ein kleines schiefes Schaf an einem Faden, das ich gehäkelt hatte, als ich zwei Tage mit Unterleibsschmerzen im Bett lag.

Es war nach zehn, Ella und Jade hatten sich bereits nach oben verabschiedet. Merle stand über den Dachplan der Bergerie gebeugt, den Gregor aus dem vorigen Jahr aufgehoben hatte. Er saß bei angeknipster Lampe in der Sesselecke und nahm Tabletten. Sie besprachen sich, und Merle machte Kreuze dort, wo Gregor bei einer Kontrollrunde Wasser entdeckt hatte, das beim Unwetter eingedrungen sein musste. Es gab die offensichtliche Stelle, an der ein schwerer Zedernast durchs Dach gebrochen war, aber daneben noch einige weitere kleinere Probleme. Bevor die Arbeit am oberen Stockwerk weitergehen konnte, würden wir Fehler, undichte Stellen und das große Loch reparieren müssen. Statt Merle würde dann aber ich neben Gregor in die Spalten zwischen Dachbalken kriechen, die Hände vorstrecken und in Dämmmaterial und all die anderen Schichten des verletzten Dachs greifen müssen.

»Glaubst du, das wird anfangen zu schimmeln?«

Von Gregor kam als Antwort ein Schnaufen. Er stand auf und schlurfte zur Weinkuh. »Wer hätte gedacht, wie schwer das ist, ein Haus bewohnbar zu machen.« Ich stellte mir vor, wie die Ruinen der Gegend sich aufbäumten und kleine Figürchen abschüttelten, die dort arbeiten wollten, und wie deren Werkzeug lächerlich mit ihnen durch die Gegend splitterte.

»Habt ihr schon mal gehört, was sie in den Autoregionen machen? Du müsstest das doch wissen.« Merle sah von ihrer Karte auf, aber ich hatte Gregor gemeint, der entschuldigend die Schultern hob.

»Es gibt private Firmen, die den Gemeinden anbieten, dass sie vor einem Unwetter, also bei Hagel, in die Wolken fliegen.

Die Flieger zünden Silber-Irgendwas, das verkleinert, wenn es genau zur richtigen Zeit genau an der richtigen Stelle gezündet wird, die Hagelkörner, bevor sie runterkommen. Damit die Neuwagen keine Dellen kriegen. Oft klappt das wohl gar nicht, aber wenn es klappt, ist es natürlich magisch.« Ich freute mich über die ungläubigen Gesichter. Merle schüttelte den Kopf und lachte, als sie sich wieder über den Plan beugte. »Vielleicht setzt sich das ja auch hier durch, frag doch mal nach, Gregor.«

»Wäre schön. Aber hat das keine Nebenwirkungen? Höherer Metallanteil in den Lungen von Kindern oder so was?«

»Ich finde, das klingt nach Verschwörungstheorie, Noa, oder wie ein *joke*.«

Ich zuckte mit den Schultern und nahm mir eine angebrochene Tüte gesalzener Erdnüsse aus dem Schrank. »Ja, ist es aber nicht. Und es geht noch weiter. Der Hagel löst sich, wenn alles funktioniert hat, zwar auf, und die Autokommune mit den Riesenparkplätzen bekommt nur ein kleines Gewitter ab – aber dafür nehmen in den umliegenden Dörfern die Sturzregenfälle krass zu, dort gibt es inzwischen auffällig oft heftige Unwetterschäden.«

Gregor nickte. »Ja, wir lassen das lieber.« Er hob die Hand an den Kopf. »Nur die Menschen würden denken, dass man Wolken impfen kann!« Wir lachten, aber bei mir war es, weil Gregor solche Sätze häufig sagte und immer wie über entfernte Verwandte. Er setzte sich auf der anderen Seite des Plans an den Tisch.

»Wenn wir hier eins gelernt haben, dann das Tugend-aus-der-Not-Ding. Bei den Temperaturen trocknet hoffentlich einfach alles schnell durch. Und wenn ich mir aussuchen soll, ob ich mich mit deinen Fliegern da verbünde oder mit der Hitze, dann weiß ich, was ich mache.«

»Schön positiv bleiben, sehr gut. Die Hitze sagt bestimmt

das Gleiche über dich.« Ich warf mir die Erdnüsse in den Mund, als würde ich ihm brüderlich auf die Schulter klopfen. Merle sah mich verstohlen an. Vielleicht dachte sie, was ich selbst dachte: *Freust du dich auf das Fest morgen? Bist ja ein bisschen drüber.*

Die Tür ging auf, und Jade blinzelte herein, blass, mit plattgedrückten Haaren. »Papa«, sie sah verlegen aus, und dass Merle und ich noch in der Küche waren, schien sie noch verlegener zu machen. »Ich hatte wieder einen Albtraum. Ich glaub, ich hab sogar geschrien, aber Mama ist nicht aufgewacht. Schon wieder der Abdecker, und diesmal hat er Mama mitgenommen. Kann ich auf deinen Schoß?« Jades Stimme brach.

Gregor nickte und streckte ihr die Arme entgegen. »Wieder der Abdecker, oje«, murmelte er. Unbeholfen sah es aus, wie sie auf seine Knie kletterte, wie er seine Arme fest um sie legte, sie ihre Arme wieder unter seinen hervorzog und sich endlich anlehnte. Merle rollte den Plan zusammen, und auch ich stand auf, um mir die Zähne putzen zu gehen. An der Tür nahm ich die Stirnlampe vom Haken. Kurz drehte ich mich um und hob die Hand zum Abschied. Ich sah Gregor und Jade, wie sie dort am Tisch saßen, still und unbequem und trotzdem irgendwie auf demselben Stuhl.

—

Ich trug mein einziges Kleid und sogar Wimperntusche, die Merle sich selbst und dann mir aufgetragen hatte. Mit weit geöffneten Augen hatte ich ihr im Bad gegenübergestanden und, ein Kind an Karneval, gespannt auf den Moment gewartet, in dem der Pinsel, nun die Bürste, das Gesicht berührte.

Auf dem Weg nach oben drehten wir uns, als trügen wir zum ersten Mal überhaupt etwas Sommerliches. Ein leichter Wind in der Wärme machte mich albern. Auf den Hügeln lagen die Kastanien- und Grüneichenwälder wie ein über den Kamm geschlagenes Tuch.

»War wirklich gut, dass ich gekommen bin. Wenn du mir schon nicht sagen willst, ob wir weiter zusammen in einer Stadt wohnen.«

Merle nahm meine Hand in ihre, wie sie es auch zuhause manchmal tat. Ich hielt sie, strich mit dem Daumen über die Innenfläche und nickte.

»Ich bin heute Nacht aufgewacht, und wir lagen genau so da«, sagte ich und deutete mit dem Kinn zwischen uns.

Sie lächelte. Sie rauchte schon wieder eine Zigarette, die eher nach einem Joint aussah, und so rauchte ich eben mit.

Über der Terrasse bildeten Kiwi-Ranken ein Geflecht wie ein Dach. Die festen Blätter hingen nicht dünn und schlaff von ihrem Gerüst wie die meisten anderen Ranken, die schon Tage nach dem Regen wieder erschöpft waren. Ich registrierte das dankbar und automatisch, wie ich eine Menschenmenge geprüft hätte. Wenige Nachbarn standen noch beim Apéro, sie tranken Weißwein. Ein Mann lachte über etwas, das Ella gesagt hatte, Jade stand an sie gelehnt nah bei der Haustür. Sie beachtete die beiden anderen Kinder nicht, die im Garten mit einem Ball auf die Hauswand schossen, bis Magalie sie zum Essen rief.

Die meisten saßen bereits, als wir an den Tisch kamen. Es waren viel mehr Menschen, als ich erwartet hatte, und am anderen Ende der Tafel saß plötzlich Lisanne. Ich erschrak, winkte aber zurück. Sie lächelte, ich setzte mich auf einen freien Platz nicht sehr weit von ihr, Merle ging auf die andere Tischseite zu Gregor und Jade. Für den Bruchteil eines Moments sah ich vor mir, wie Lisanne mich, *Ich bin nicht deine Folie, ich lasse mich nicht bespielen*, laut anfuhr mit der Bewegung eines schnappenden Hundes. Ich musste die Schultern erst wieder senken.

Auf dem Tisch standen tiefe Metallschalen, in denen dünne Fleischscheiben und Zwiebeln in Öl schwammen. Es gab Schüsseln mit Karotten- und Gurkensalat, Baguette, gefüllte Auberginen und unzählige Karaffen mit Wein. Ich hätte nicht sagen können, wann ich das letzte Mal an einem Tisch mit weißem Tischtuch gesessen hatte, so großzügig über die Platte gebreitet, dass es sich noch über meine Knie legte.

Karim zu meiner Linken unterbrach ein Gespräch und schenkte mir Wein ein. Dann tat er mir Salat auf und fragte mich lächelnd, ob ich es allzu schwer mit der Arbeit auf den Äckern hätte. Ich freute mich sehr, ihn zu sehen, nickte, *ça va*, hob die Schultern, lauter freundliche Uneindeutigkeiten. Die Frau mir gegenüber, die sich mit Karim unterhalten hatte, stellte sich als Lara vor.

Karim schob die kleine blaue Mütze, die er immer trug, auf dem Kopf zurecht und wandte sich wieder an sie.

»Um das kurz zu beenden: Auf dem Dienstagsmarkt passiert es inzwischen regelmäßig. Sind eigentlich immer Touristen. Wenn ich nicht hinter dem Stand stehe, weil ich etwas holen muss oder einen Kaffee haben will oder was auch immer: Ich sehe, wie die mich registrieren.«

»Was meinst du?« Ich schob mir die erste Gabel Salat in den Mund und spürte erst jetzt absurden Hunger.

»Ich werde genauer angeschaut als vor ein paar Jahren – und als alle anderen auf dem Markt. Ab und zu weichen mir Familien aus. Einer hat mal sein Kind hinter sich geschoben, der Held. Ich hätte fast gebrüllt, dass ich nur zum Bäcker will.«

»Ich verstehe nicht, glaube ich.« Weil ich nicht wollte. Ich langte über den Tisch nach einem Stück Brot.

»Weil du keine Touristin bist, Noa. Ich habe jedenfalls schon überlegt, mich zu rasieren. Glattrasiert hätte ich vielleicht mehr Ruhe, aber ich sehe es letztlich nicht ein. Ich sehe sowieso den falschen Leuten ähnlich und den richtigen nicht. Dieser Mann vor ein paar Wochen hat sein Kind ja nicht einfach so hinter sich geschoben, den habe ich zu seiner Frau noch sagen hören: *Die stechen auch in Dörfern Leute ab, Schatz.*«

»Nicht sein Ernst.«

Karim nickte. »Wut ist schön, ja, ein schön schnelles Gefühl. Aber das nutzt sich ab, vielleicht hat mein Vater sie für dieses Land schon aufgebraucht. Alles ist so wenig neu, weißt du, und wie traurig Wut macht. Ich bin traurig, hier sitzt das, es macht den Körper schwer.« Karim deutete auf eine Stelle unter seinem Brustbein, und ich sah sein Zwerchfell, in das etwas eingegraben lag, ein Knoten von extremem Gewicht, der sich beim Atmen hob und senkte. »Es gibt wenig Tage, an denen ich es nicht spüre. Was die Leute nicht verstehen«, er hielt inne.

Auf keinen Fall durfte Röte in meine Wangen steigen, auf keinen Fall durfte ich angesprochen wirken, die Hitze mir aus dem Ausschnitt, über die Arme ins Gesicht … Karim sah aber beim Sprechen überhaupt nicht zu mir.

»Die fühlen sich bedroht. Wenn aber wirklich etwas passiert, betreffen diese Einzelaktionen sie gar nicht.«

Lara nickte. Ich legte das Stück Brot auf dem Teller ab und wusste dann nicht, wohin mit meinen Händen. Ich schenkte Karim noch etwas Wein nach.

»Da irren auch die Scheiß-Attentäter. Wenn es irgendwo knallt: Wirklich konkret angegriffen sind dadurch nicht die netten Kleinfamilien oder *der Westen*, gegen die das geht. Das Leben wird sich für die Mehrheit nicht groß verändern. Aber für mich. Mein Stand wird weniger besucht, Arschlöcher sagen, was Arschlöcher sagen, und hin und wieder steht Zeug auf meinem Wagen, das ernsthaft gefährlich klingt.«

Karim lehnte sich zurück. Einen Moment schwiegen wir. Lara, die am schnellsten gegessen hatte, nahm eine Zigarette und zündete sie an. »Das tut mir leid. Ich hab Glück, mich erkennen sie sozusagen einfach nicht.«

Die beiden sahen sich an, Karim nickte ihr zu.

»*Bon*, so viel dazu.« Endlich widmete er sich seinem Teller. Karim sah ganz alltäglich aus, wie abgeschüttelt, er lachte sogar: »Jetzt weg mit den betroffenen Gesichtern. Ich darf traurig sein, aber ich hab auch das Recht auf einen schönen Abend. Und ich hab Hunger. Bevor du gekommen bist, Noa, haben wir über etwas geredet, bei dem du uns vielleicht weiterhelfen kannst.«

Lara sah Karim lange an. Dann schien sie sich gegen weitere Nachfragen zu entscheiden und blickte freundlich zu mir. »Genau. Vielleicht kannst du uns helfen, ich kenne mich mit Deutschland nicht aus: Gibt es auch bei euch Lieder und Tänze, die alle kennen? So was wie«, sie summte eine Melodie, deren Rhythmus sie mit tanzender Hand unterstrich. Damit ich sie gut hören konnte, musste sie sich nach vorn beugen.

Ich griff mit einem Ruck vor und zog ihr die langen Kapuzenbänder aus der Saucenschale. Mein eigenes Lachen unter ihrem platzte erstaunlich laut über den Tisch.

»Wenig. Das heißt, ich weiß wenig darüber, aber es gibt auch Weniges, was alle kennen. In meiner Generation jedenfalls, bei Älteren ist es vielleicht noch anders. Bei dem Fest neulich ist mir das aufgefallen: Alle können hier direkt mittanzen, das hat überhaupt keinen Beigeschmack.«

»Beigeschmack?«

Ich nippte am Wein. »Na, Volkslieder, Heimatlieder, die eigene Landschaft, das eigene Land lieben, darum geht es doch, oder nicht? Nationalismus. Die Leute, die ich kenne, sehen zwischen diesen Dingen einen unguten Zusammenhang. Dieses Gruppenerlebnis, wenn alle zusammen so ein Lied singen, sich darüber verbunden fühlen …«

Lara wirkte einigermaßen ratlos. Bevor ich zu weiteren Erklärungen ansetzen konnte, legte Ella mir die Hand auf die Schulter und sah in unsere Runde.

»Noa traut sich nicht zu sagen: Sie haben Angst, dass Volksmusik Leute zu Rechten macht. Ehrenhaft, aber so einfach wird es nicht sein.« Karim und Lara lachten. Wenn Ella viel Wein trank, wurde sie grob, das gefiel mir normalerweise.

»Außerdem«, fuhr sie fort, »was man hier definitiv immer anstimmen kann, vielleicht das Einzige, was wirklich alle mitsingen und lieben …« Weder den Namen des Stücks noch des Komponisten verstand ich. Karim nickte mit Nachdruck. Lara fing sofort wieder an zu summen.

»Darin geht es wirklich überhaupt nicht um das Eigene, die eigene Landschaft oder die eigene Gruppe. Es ist wunderschön. Die Frau ist eine Legende in der Gegend, das Lied eine Art Hymne.« Ella hob die Hand in Karims und Laras Richtung und wandte sich nach hinten, weil Magalie an sie herangetreten war. Sie flüsterten miteinander, Ella klopfte auf den Tisch und stand auf. Im Gehen zog sie ihren Tabak aus der Hosentasche.

Lara nickte: »In den Achtzigern war sie, Valea, mit diesem Lied wirklich berühmt, das war der Titelsong von einem Top-Film in Cannes. Inzwischen ist sie uralt, ganz selten sieht man sie, wenn sie runterkommt und irgendwo ein Gläschen trinkt. Ab und zu habe ich mit ihr gesprochen. Valea ist in Rumänien geboren. Mit nicht mal zwanzig, da war noch Krieg, ist sie geflohen und zu Fuß nach Paris gekommen.«

»Ich denke auch immer daran, wie sie barfuß die Straße entlangkam und nichts als eine Gitarre auf dem Rücken hatte, ein Mythos. Außerdem: dass sie in Paris mit Jacques Brel zu tun hatte und er sie gefördert hat«, Karim hob die Hände, »vielleicht alles gelogen, vielleicht alles wahr.«

»Jedenfalls«, Lara lehnte sich im Stuhl zurück, »hat der Liedtext nichts Patriotisches oder speziell Französisches. Keine Landliebe. Sie singt vom Weggehen und davon, dass Aussicht universal ist. Wenn man nur weit genug weg ist von allem, sieht es sich ähnlich. Im Lied ist das natürlich hübscher gesagt. Und sie singt: *Wir singen nicht tauben Ohren, die Wälder antworten auf jeden Ton.* Sie lebt seit mehr als zehn Jahren allein in einer Hütte, die sie selbst gebaut hat, ganz oben in den Bergen.«

»Weit draußen zu sein ist nicht unbedingt der Beweis Nummer eins für eine offene Gesinnung.«

Ich drehte mich um. Lisanne sah mich an. Ich hätte nicht sagen können, wann sie sich auf Ellas Platz gesetzt hatte. Überhaupt wirbelte mir der Kopf von all den Wechseln in diesem Gespräch. Auch nahm ich erst jetzt plötzlich die anderen Stimmen am Tisch deutlich wahr, Jades helles Lachen, außerdem Geschirrklappern und dass die Sonne inzwischen hinter der Bergkuppe verschwunden war. Das Gesagte oder der Wein hatte mir das Zeitgefühl gedehnt und mein Sichtfeld auf Lara und Karim verengt.

»Was heißt Hütte? Und sie lebt wirklich völlig allein, ohne Familie?« Ich versuchte nicht, meine Begeisterung zu verbergen. Lisanne lachte. Es wurden kleine Schälchen mit *crème caramel* weitergereicht, ich stellte eines vor ihr ab.

»Ja, das finde ich das Beste an ihr. Sie hat so ein zweistöckiges Holzhäuschen in den Wald gebaut. Ich habe sie einmal da besuchen dürfen: Das ist so groß wie ein Badezimmer.«

»Du kennst sie? Was macht sie den ganzen Tag?«

»Hör mal, was soll sie machen? Sie versorgt sich selbst. Hat einen Klapptisch vor der Tür und zwei Stühle, für Besuch. Sie hat mir ihr Lied vorgesungen, als ich dort war. Um mir dann zu sagen, dass sie eigentlich nicht mehr singt. Dass der Wolf sie getroffen hätte mit seinem Blick, was immer das heißt.«

»Was hast du bei ihr gemacht?«

»Sie einfach besucht, wir haben ein bisschen geredet, ich habe ihr ein paar Kartoffeln geschält. Sie hat früher bei meiner Mutter Schmuck in Auftrag gegeben.«

Lara kratzte ihr Schüsselchen aus, während ich meines noch gar nicht angerührt hatte.

»Und sag, stimmt das, was man über diese Dokumentation sagt? Darin hält sie wohl eine Art Predigt und wirkt angeblich ein bisschen irre, verständlich, immerzu allein auf dem Berg.«

»Ich glaube nicht, dass ihr was fehlt – außerdem können wir nicht wissen, ob sie nicht schon vorher so war, wie sie jetzt ist, oder?« Lisanne drehte sich abrupt zu mir. »Wie geht es dir denn? Bist ja immer noch hier.«

Ich lächelte und hob Schultern und Hände, wie eine Diebin sie heben müsste, die gestellt wird: zum Beweis ihrer Harmlosigkeit, entschuldigend und beschämt. Vielleicht würde Lisanne das verstehen, und ich müsste nichts weiter sagen zum Fest.

»Ganz gut. Ich liebe diese Geschichte von, wie, Valea. Klingt, als könnte es sie eigentlich nicht geben.«

»Wieso nicht?«

»Gute Frage.« Ich war nicht bei der Sache. Ich berührte Lisanne kurz am Unterarm. »Hey, ich hätte dich sehr gern noch getroffen. Mir ist richtig blöd was dazwischengekommen damals.«

Lisanne winkte ab und goss sich noch etwas Wasser ein, ihre Gesten waren ganz beiläufig.

»Ich hab Lust zu rauchen. Hast du vielleicht eine Zigarette für mich?«

Sie nickte und begann zu drehen, auch das mit einer großen Selbstverständlichkeit – als würde sie nie über das nachdenken, was Teile ihres Körpers taten. »Also, wie geht es dir?«

Ich zögerte und schob das Feuerzeug auf dem Tischtuch hin und her.

»Ich habe schon länger so eine Idee. Vielleicht mache ich es auch doch nicht. Du bist die Erste, der ich davon erzähle.« Ich hielt so lang inne, bis Lisanne aufblickte.

»Ich glaube, ich will die *transhumance* laufen. Die letzten Etappen, nach ganz oben auf die Hochweiden. Wahrscheinlich müsste ich bald schon starten, es ist ja längst losgegangen.«

—

Alle hatten sich inzwischen in der Dämmerung verteilt, gingen ein paar Schritte durch den Garten, ließen sich das Haus zeigen. Als Lisanne aufstand und mich zum Abschied umarmte, saß kaum noch jemand am Tisch. Es war uns beiden nicht klar, wie endgültig wir uns verabschiedeten. Ich hätte ihr gern etwas geschenkt, der Armreif aus dem Atelier kam mir in den Sinn, irgendein Schmuckstück oder ein Lied. Ich hatte nichts bei mir und musste lachen über diesen pathetischen, auch betrunkenen Wunsch, ihr ein Lied zu schenken. Bevor ich es wieder vergaß, trank ich Wasser in großen Schlucken. Es war ruhig um mich. Auf dem Tisch lag etwas Besteck, auf dem Tuch waren ein paar Flecken zurückgeblieben, ein volles Wasserglas. Meine ersten Schritte kamen mir schwer vor, aber es tat gut, allein vor bis zur Straße zu gehen, die Beine auszuschütteln, in die Dämmerung zu sehen. Die Luft flirrte von Wärme und dem Zirpen der Zikaden.

Ich fand Merle an der niedrigen Mauer, die das Grundstück zum steilen Abhang hin begrenzte. Man war hier dem Fluss viel näher als bei uns, auch wenn das Grundstück höher lag. Der Fels gegenüber war höchstens hundert Meter entfernt, das Wasser füllte beinahe die ganze Breite des Tals, das nach der Verengung in ein anderes überging.

»Schade, dass wir nicht noch einmal unten waren.«

»Ja.« Merle überließ mir die letzten Züge ihres Joints. »Aber dann gehst du einfach den restlichen Sommer für mich mit schwimmen.«

»Freust du dich, zurückzukommen?«

Sie nickte und sah mich an. »Du bleibst wirklich noch, was?«

Ich nickte. Ich fühlte mich ihr nah. Aber irgendetwas hielt mich zurück, mit ihr wie mit Lisanne zu sprechen.

Gregor trat zu uns. Er bot uns Wein an und lächelte, als wir die Köpfe schüttelten. Ich grinste. »Du hast dich ja auch richtig schick gemacht, Mensch.«

Er lachte. Eigentlich trug er einfach ein normales T-Shirt.

»Ja. Das macht jedes Mal einen Unterschied. Ich find's lächerlich. In Arbeitssachen werde ich kaum wahrgenommen, ich weiß nicht, ob dir das aufgefallen ist, Noa. Aber das sind vielleicht Reste der guten alten Zeit: dass Sonntagskleidung nötig ist, um sich in Gesellschaft zu wagen.«

Merle lehnte an der niedrigen Mauer, das Tal im Rücken.

»Was ist das eigentlich mit dir und solchen Parolen, Gregor. Biste so was wie ein Alt-Hippie?«

»Na, nicht *so* alt, oder? Außerdem waren die Hippies damals und die an der Uni zu überhaupt keiner wirklichen Aktion bereit.«

»Was waren denn deine Aktionen?« Den Ton hatte ich von Merle lange nicht gehört. Wir diskutierten nicht häufig – weil wir uns zu einig waren, oder eigentlich eher, weil sie in der Regel konfrontativ und provozierend und ich mit jeder Minute stiller wurde.

Gregor ließ sein Glas sinken. »Nichts Terroristisches. Ich konnte einfach nicht mehr aushalten, dass alle über *das Eigentliche* immer nur geredet haben, die konnten mir genau aufzählen, was das sein sollte. Da kamen immer die gleichen Formulierungen. Ich kann mich selbst gar nicht ausnehmen, die Menschen entwickeln sich in dieser Hinsicht nicht weiter. Oder gibt es inzwischen interessantere Versionen? Ist das überhaupt noch zeitgemäß?«

Er hob einen nach dem anderen die Finger und zählte uns vor: »Einfacher werden. Zurück zu den Anfängen. Wieder *miteinander* leben und mit der Umgebung, soll heißen mit der Natur. Ihr kennt den Kram. Und dann fährt man am nächsten Tag mit, sagen wir mal, Google Maps U-Bahn. Es ist wie mit Büchern. Du kennst die Stapel mit den Klassikern oben im Flur, Noa, ich lese alles Mögliche. Aber am wichtigsten bleiben mir Handbücher, was mit echter Bewegung, was für die Realität, versteht ihr?«

Er sah uns kurz in die Gesichter, ob wir ihm folgten, vielleicht auch, ob wir etwas sagen wollten, dann sprach er weiter: »Wenn man Pazifist ist, fallen die brachialen Methoden weg, alles mit Besetzen und Sprengstoff. *Leider* fällt das weg, würde ich heute sagen. Ich bin da nicht mehr derselben Meinung wie früher.« Er starrte vor sich hin. »Jedenfalls nein, ich bin kein Hippie, von denen halte ich gar nicht so viel.«

Merle nahm ihm die Karaffe ab, um sich doch einzuschenken.

»Okay, aber was hast du im Gegensatz zu denen unternommen? Ich nehme an, ihr wart damals in den Neunzigern bei den Friedensdemos, Ella und du, aber da waren deine Hippies doch auch.«

Gregor stieß Luft durch die Lippen und machte zu den Hügeln hin eine Geste, mit der man jemanden aufforderte, endlich auch etwas zu sagen.

»Na hier. Wenn du nicht an Revolution glaubst: Entzieh dich. Das bleibt die logischste Aktion meiner Meinung. Meine Eltern hatten einen Bunker, das müsst ihr euch mal vorstellen! Das war real. Die mussten meiner Schwester und mir nicht erst sagen, dass sie Angst hatten. Für Ella und mich, oder anders, für *mich* war es wichtig, diese Dinge zu lernen. Gemüse und Kartoffeln anbauen und Fleisch herstellen.«

Ich verzog das Gesicht über die Wortwahl, aber Gregor bemerkte es nicht.

»Ich erinnere mich, wie mein Vater seine erste Herde aufgebaut hat. Ich habe die Bücher über Schafskrankheiten mitgelesen. Als er zum ersten Mal ein Schaf geschlachtet hat, stand ich neben ihm und habe die Handgriffe in der Luft nachgemacht. Ich wollte das auch können, falls mal etwas passiert und die Supermärkte nichts mehr haben.«

Merle lachte, aber zwischen ihren Augenbrauen sah ich die Falte.

»Tut mir leid, aber das ist keine Aktion. Das ist auch nicht politisch, Gregor. Auch das hier«, sie wiederholte seine Geste zum Berg hin, »euer Acker ist doch nicht selbst politisch, der Boden da. Du kannst dich nicht einfach dem Boden anschließen: Der sagt nichts. Das war auch Angst, dass ihr hergekommen seid, und die einfachste Lösung. Abhauen.«

Merle hielt ihren Tabak Gregor hin, der selbstverständlich die Hand hob und den Kopf schüttelte. Mich brachte der winzige Moment völlig aus dem Konzept: wie wenig Merle eigentlich von ihnen wusste.

»Ich glaube, dieses *eigentliche Leben-Ding* hat sich zumindest verlagert. Nicht die Bilder, die wir davon haben. Aber es ist eher eine religiöse Frage geworden – ob man überhaupt noch an etwas Unberührtes glaubt, das erreichbar wäre.«

Ich runzelte die Stirn, Gregor war schneller: »Was meinst du?«

Merle zog an der Zigarette.

»Es geht vielleicht zu weit, zu sagen, Natur ist gleich als ganze eine Glaubensfrage. Aber die Hoffnung auf eine andere Lebensform oder dieses *Eigentliche*«, Merle markierte Anführungszeichen in der Luft, »das ist einfach ein neues Jenseits. Diesmal sind eben die Regeln viel unklarer. An diese Vorstellung glauben auch nicht mehr so viele Leute wie an die alte. Wenn wir mich nehmen im Gegensatz zu Noa ...« Sie legte mir rasch die Hand auf den Arm wie zur Entschuldigung. »Ich bin Atheistin. Obwohl ich hier bin und eure Felder und alles sehe, glaube ich nicht, dass ich wirklich aussteigen könnte. Nenn es, wie du willst: Rückseite der Zivilisation, das richtige Leben, Ganz-weit-draußen? Ich glaub nicht dran. Ich will es aber auch nicht. Dafür ist das, was du vorhin gesagt hast, Gregor, das beste Beispiel. Ihr wollt euch im *Fall der Fälle* versorgen können. Aber dieses Katastrophen-, meinetwegen Kriegsargument geht nicht auf, oder? Klar, ein *oldschool*-Krieg würde euch hier weniger betreffen.«

Ich spürte wieder den Schwindel des Gesprächs am Tisch und sehnte mich plötzlich nach Jade. Ich stützte mich auf die Mauer, der Stein warm an meinem Bauch, und sah ins Tal hinab.

Gregor hob die Stimme: »Ich weiß selbst, dass es keine Schützengräben mehr geben wird! Nicht *diese* Art Krieg. Aber Attacken gegen die Infrastruktur, Stromnetze, Internet, Bahn.«

»Was auch immer! Ihr werdet nie losgelöst vom Rest der Welt sein, du glaubst doch nicht wirklich, dass das noch geht? Ich nehme an, ihr habt Freunde oder Familie, dort, wo ihr studiert habt, oder in anderen deutschen Städten. Wenn diese Orte jetzt noch öfter und heftiger als sowieso schon betroffen wären und ihr nie wüsstet … Diese ganze Idee von Verschont-Bleiben habe ich nie verstanden. Warum will man denn übrig bleiben?«

Ich stieß mich leicht von der Mauer ab. Vielleicht sahen sie mir nach, vielleicht kniff Merle den Mund zusammen oder runzelte Gregor die Stirn, für einen Moment schwiegen sie in meinem Rücken.

Jade war hinten im Garten. Unter tiefhängenden Zweigen schien sie nun doch mit den anderen zu spielen, ich hörte die hohen Stimmen von Weitem. Ich ging einen Bogen in Richtung der Kastanie, hinter deren Ästen sie sein mussten, die Mauer entlang und hinauf. Beim Balancieren spürte ich das Gras im Kopf. Einige Schritte auf der unebenen Fläche unter mir, auf die ich mich konzentrierte, damit sie breiter schien als der Abgrund daneben, dauerten ewig. Von unten hörte ich den Fluss viel zu genau: als wäre ich selbst ein Stein darin.

Wie sollte das gehen? Wie sollte ich Jade sagen, dass ich bald aufbrechen wollte?

Jade sprach auf Französisch noch schneller als sonst. Ihre Stimme überschlug sich, und als ich einen ausladenden Ast der Kastanie zurückschob, sah ich Magalies Kinder ihr gegenüberstehen. Unter dem Baum war es inzwischen recht dunkel. Klein sahen die Geschwister aus, kleiner als Jade. Sie hielt den Ball unter den Arm geklemmt.

»Alles klar, ihr?« Ich lächelte aufmunternd, eigentlich war die Frage überflüssig. Magalies Kinder senkten die Köpfe und gaben mir keine eindeutige Antwort.

Stattdessen wandte sich Jade auf Deutsch an mich: »Ich

habe ein cooleres Spiel vorgeschlagen, weil es so lahm war vorher, aber die beiden wollten … Ach, ich hab keine Lust mehr.«

Bevor sie sich wegdrehte, knallte sie den Ball auf den Boden, dass er vom staubigen Grund um den Stamm absprang und der Junge die Arme vorstrecken musste, um nicht getroffen zu werden. Jade lief schnell, die Hacken bei jedem Schritt in die Wiese gerammt. Ich ließ sie erst einmal laufen, bis sie von selbst langsamer wurde. Mir kam eine Idee. Mit ein paar Sätzen holte ich sie ein.

»Ich hab einen Vorschlag, Fuchs.«

Fuchs hieß sie, wenn wir unter uns waren, nur in unserer Hütte. Jade blieb stehen.

»Was?«

»Willst du kämpfen?«

»Was?«

Ich trat etwas näher zu ihr und nahm das Ende ihres langen Zopfes zwischen die Finger. Sie ruckte den Kopf von mir weg, immer noch widerwillig.

»Du hast seit Tagen so miese Laune, die wird überhaupt nicht besser. Wenn du magst, können wir ringen. Das hilft manchmal gegen diese Stimmung. Aber es ist Kämpfen im Spiel, das heißt, es gibt ein paar Regeln.«

Jade musterte mich.

»Weiß nicht. Was für Regeln?«

Langsam gingen wir weiter durch den Garten.

»Beißen und Treten ist verboten. Schlagen ist okay, bis ich Stopp sage.«

Ich sah über die Schulter. Merle und Gregor standen noch immer an der Mauer, ihre Gesichter im Gespräch so sicher und selbstgefällig.

»Aber du kannst mich viel leichter verkloppen als ich dich.«

Ich blickte wieder zu Jade und konnte sehen, dass ich sie längst hatte.

»Ich kämpfe nur halb. Versprochen.«

»Und wann hab ich gewonnen?«

»Bleib da stehen.« Sie gehorchte. Ich ging noch zwei Schritte weiter und drehte mich ihr zu, mit breiter Stellung der Füße, die Knie leicht gebeugt. Um uns war nun freie Fläche, der Boden einigermaßen eben, hier lagen nur wenige Steine.

»Ich sage, wenn du gewonnen hast. Aber verlass dich nicht drauf, dass das passiert.« Ich grinste sie an. Sie blitzte zu mir herüber, und dann rannte sie auf mich los.

Jade hielt sich an die Regeln, das irritierte mich. Ich konnte spüren, wie sie die Hände im Ausholen bremste und verlegen war um einen Schlag in meine Magengrube. Es war viel zu leicht, sie mit einem ausgestreckten Arm so weit von mir weg zu halten, dass ihre Fäuste mich nicht einmal trafen. Ich fühlte mich konzentriert wie lang nicht mehr, fokussiert auf Jade, die schneller wurde, mich aber immer noch nicht richtig erwischte.

»Du musst mich nicht schonen!«

Nur langsam gingen die Bewegungen über auf sie, ihre Schultern ruckten mit, um an meiner Hand vorbei und mir näher zu kommen. Ich konnte sie noch immer ohne weiteres von mir halten. Der Garten um uns war hinter etwas abgetaucht, vielleicht war es die Dunkelheit, vielleicht war da wirklich nichts außer dem Zirkel, in dem wir uns bewegten, nur Jades Haarschopf, der helle Scheitel, den ich von oben sah. Warum sollte man übrig bleiben wollen? Jade wand sich immer stärker, aber einen Rest Zurückhaltung merkte ich ihr an.

»Hey. Stell dir vor, ich bin der Abdecker.« Ich veränderte meine Haltung, um die Arme bedrohlich zu heben. Davon wurde Jade ein Stück zur Seite gerissen. Sie fing sich, bevor sie auf dem Boden landete.

»Ey«, schrillte sie.

»Ich bin der Schafsmann, der dich holt.« Ich sprang einen Schritt zurück und ging dann langsam auf sie zu, mit weiterhin erhobenen Armen und ganz ohne Lächeln. Diesmal war sie mit Kraft da, so, dass es mich doch noch überraschte: Sofort hatte ich ihre Nägel auf den Armen, mit vollem Druck, dass sie Spuren auf meiner Haut hinterlassen würden. Nicht mehr alle Schläge konnte ich abwehren, und jedes Abwehren bedeutete einen harten Aufprall ihrer Fäuste an meinen Ellenbogen oder Unterarmen. Ihre Hiebe kamen immer schneller, Hüfte und Eingeweide traf sie mehrmals, am Hals tat es weh. Gegen den Brustkorb knallte mir ihre Faust, ihr Kopf, immer wieder der Kopf, und einen Moment spürte ich, dass es einsetzen könnte, die Enge, etwas Panisches, im Magen spürte ich es, in der Kehle, wie Gänsehaut, wie auf-, wie immer höher, steigen.

»Okay, das reicht!«

Längst trafen mich auch ihre Füße. Es war kaum zu ordnen, wo sie, wo ihre fliegenden Haare waren, von wo ihre Angriffe kamen. Die abgetauchte Umgebung war mir auch jetzt nicht zugänglich als Fixpunkt, um wieder auszusteigen aus der Situation, die Bäume bildeten keinen Kontrast mehr vor dem Abendhimmel, alles hatte sich einheitlich dunkel … Einen Moment schloss ich die Augen, um die Lunge aufzufalten, entlang ihrer Knicke, meine Papiertüten-Lunge.

»Jade!«

Ich musste in diese wilde Bewegung hineingreifen wie in die Herde. Erst als ich sie um beide Schultern gepackt hatte, meine linke und rechte Hand sie leicht zusammendrückten, wurde sie ruhiger, die Spannung wich langsam aus ihren Armen.

Ich ließ sie los und ging vor ihr in die Hocke, um ihr ins Gesicht zu sehen. Wir waren beide außer Atem.

»Alles okay, Fuchs? Du hast gewonnen.«

Sie wischte sich mit der Hand über die Wangen, ihre Züge waren noch immer hart.

»Du hast gewonnen, ehrlich.«

Sie grinste endlich. Ein leichter Wind fuhr über uns, ich merkte, wie ich geschwitzt hatte.

Wir gingen barfuß und ganz langsam über die Wiese zu den anderen zurück. Jade hatte das vorgeschlagen, *vom Kämpfen kriegt man ja heiße Füße*. Das Gras kitzelte nicht, es kühlte und dämpfte. Mein Körper war leicht wie nach einem langen Lauf, und Jade ging dicht neben mir und machte ein Geräusch wie Summen. Ihre Schuhe trug ich.

10

Ich hatte den Eindruck, sie nur noch durchs Fenster zu sehen. Vom Küchenfenster aus, wenn ich Zucchini schälte oder vom Basilikum-Zupfen braune Hände bekam, konnte ich sie auf dem Weg vor dem Haus beobachten, wie sie mit einer Katze auf jedem Arm spielte. Wie sie sie absetzte und eine auf die Schultern nahm oder ihnen eine angerührte Schlammfarbe auf die Stirnen strich, bis sie weghuschten. Oder sie warf einen Stock für WolfZwei den Hang hinunter oder hockte minutenlang allein über etwas in der Wiese. Ich hätte ihr die Hand auf den kleinen Rücken legen wollen. Einmal sah es aus, als trete sie mit dem Fuß immer wieder fest auf etwas, das ein Vogelnest sein konnte.

Vom Wohnwagenfenster aus sah ich sie über die Straße gehen und zwischen den Mauern der Ruine verschwinden. Ich zögerte, ihr zu folgen. Wie liegen gelassen und unfertig die Hütte dort stand und Jades rote Fäden darin in der Luft schwingen mussten. Ich räumte die kleinen Schränke aus, an deren Wänden Ameisen wanderten, dünne Linien auf dem billigen Holz. Merle hatte mir vor ihrer Abreise einen Kuss gegeben, beiläufig, nicht flüchtig, und mir einen Pulli dagelassen. *Du brauchst einen Link zurück, zieh ihn an.*

Die Schafe an der Ruine warteten jeden Abend schreiend auf Heu – die wenigen belaubten Zweige von den Bäumen am Weidenrand, an die sie noch heranreichten, waren längst geschält, ihre Weide trotz des Regens endgültig einer Brache gewichen (so schnell erholte sich keine Fläche). Nachts war durchs offene Wohnwagenfenster das Brüllen zu hören, wenige Stunden nach der Fütterung und so viele vor der nächsten.

An einem Abend aber klang ein einzelnes Blöken zu mir, hartnäckig, die Pausen zwischen den Rufen wurden nicht länger, bald würde die Stimme heiser werden. Es musste sich eines eingeklemmt haben: ein zu enger Felsspalt, ein vergessenes Metallgitter, eine Brombeerranke, die sich in der Wolle verknotete. Hin und wieder tauchten die verdorrten Reste solcher Tiere auf, die nicht mehr losgekommen und tief in ein Brombeergestrüpp eingewachsen waren. Nach einer Viertelstunde Horchen und Warten schlüpfte ich wieder aus dem Bett und in meine Hose, nahm das Taschenmesser und die Stirnlampe und trat ins Dämmerlicht. Ich meinte die Stimme zu erkennen. Wieder das Blöken, nicht weit von der Straße, die noch Wärme abgab, als ich sie mit wenigen Schritten überquerte.

Natürlich schwieg das Schaf ganze Atemzüge lang, als es mich über den Zaun zur Weide steigen hörte, das dumme Tier, ich fühlte mich geduldig und ganz wach, *sing*. Und dann war es wieder da und tatsächlich Zora, die in einem Brombeerbusch stand und mich anstarrte, als das Licht meiner Stirnlampe sie fand.

»Na, Fläschchen, dich habe ich oft genug gefüttert. Wusste, dass du es bist.« Ich sprach ruhig und ging ganz langsam auf sie zu, sodass Zora, obwohl sich ihre Flanken vom rasenden Atem hoben und senkten, stehen blieb. Die Brombeerpflanzen krallten sich in einen Haufen Geröll, hinter dem es ein paar Meter steil in die Tiefe ging. Zora schien zum Glück unverletzt, für eine größere Wunde hätte ich nichts bei mir gehabt. Das Licht fiel auf den Boden zwischen ihren Klauen. Von der Trockenheit klafften darin so breite Risse: Hätte sie in einem davon festgesteckt, es hätte mich nicht gewundert. Sie ließ mich ihr die Hand auf den Rücken legen, mit der anderen fand ich die Stelle. Ein Wust aus Disteln, kleinen Zweigen, Wolle und Dornen hielt sie, aber ich musste das Messer nur ansetzen, da ging ein solcher Ruck durch das Tier, dass es reichte – Zora schoss davon. Weil sie noch keine Glocke trug, blieb neben dem Traben alles still, als sie in die Dunkelheit stürmte. Ich blieb mitten in meinem Triumph sitzen, machte die Stirnlampe aus und stellte mir vor, wie es unterwegs auf den Hochebenen sein würde: wie ich die Tiere einfing, bewachte, anführte, sie an ihren Stimmen erkannte und freibekam, wenn etwas sie zurückhielt.

—

Wir gingen nebeneinander und ganz langsam vor Verlegenheit. Mir hatte bereits ein Schafschädel in die Kniekehle gestoßen, so schlecht füllten wir unsere Rolle aus – vorneweg zu gehen. Seit beinahe zwei Stunden folgte uns die Herde, erstaunlich überschaubar und erstaunlich brav. In diesem Tempo würden wir erst spät an der Sammelstelle ankommen, aber die Lust schwand mir ohnehin mit jedem Schritt. Merle hatte das einmal gesagt, als sie von einem Bungeesprung erzählte: *Ich hatte keine Angst, ich hatte nur ganz plötzlich überhaupt keine Lust mehr.*

Jade summte, wie Mejet jetzt summen würde, um das Schweigen zu überbrücken. Sie hob den Kopf, als ich ihr den Arm auf die Schultern legte. Wir lächelten, jede zur Aufmunterung der anderen, und sahen dann beide wieder auf den Asphalt.

»Du musst mir genau erzählen, was sie machen. Und pass auf Ilyara auf. Schau mal, die geht doch unter neben den anderen. Das ist oft so mit den Flaschis, die sind so mickrig, nicht mal das Schlachten lohnt sich. Stresst uns doch nicht!« Jade drehte sich um und schob eine Mutter beiseite, die ihr wieder zu nah gekommen war.

»Und du musst schauen, dass keins irgendwo abstürzt.«

Ich nickte und löste mich. »Klar.«

Hinter der Herde, auch deswegen trotteten sie nun schneller, fuhr Ella. Auf dem Beifahrersitz lag mein Rucksack, auf dem Rückweg würde Jade dort sitzen, die Beine auf die Armatur gelegt, vielleicht stiller als sonst. Gregor hatte mir seinen Hütestab mitgegeben, *den habe ich nie wirklich benutzt, zu keiner richtigen Wanderung meine ich, bin glatt neidisch auf dich, toll, dass du's machst.* Am oberen Ende krümmte sich das Holz und beschrieb einen engen Bogen – damit konnte ich nach Schafbeinen ausgreifen, wenn ich eines fangen musste.

Natürlich hatte ich nicht erwartet, dass sie mir überhaupt etwas mitgaben. *Na ja, ich gebe dir die Herde mit,* hatte Ella gesagt und gegrinst, *glaub mir, das bedeutet was.*

Gregor hatte das Haus zusammen mit Jade und mir verlassen, um Heu für die wenigen Böcke zu holen, die bleiben würden. Ein gewöhnlicher Arbeitstag. Ella war nach uns losgefahren – das war nicht ohne Absicht. Sie wollte Jade und mich allein lassen.

»Du, kommt bald jemand Neues zum Helfen her?«

Jade schüttelte den Kopf und den ganzen Körper, ein lustloses Kinderschlackern, das die einzige Antwort blieb. Ich konnte ihr nicht schon wieder den Arm auf die Schulter legen, sah zum Auto und wieder nach vorn. Es war inzwischen ein Dorf zu sehen, wohl nur noch wenige Gehminuten entfernt, das musste es sein. Zwei Kirchtürme ragten über die Dächer und ließen die Aufregung in meinem Brustraum schwellen – auf einen Platz in einem Dorf mit zwei Türmen würden viele Menschen passen und vor allem viele Tiere. Ich wollte mit jedem Schritt das Tempo weiter drosseln, immer weiter, bis niemand mehr mit bloßem Auge sehen könnte, dass wir uns überhaupt fortbewegten. Und niemand würde noch sehen, wie wir umdrehten, Jade und ich, bis wir schließlich zurückrannten.

»Es war nur einmal jemand so lange da wie du. Du warst fast die Längste, würde ich sagen.« Jade warf noch immer die Arme um den Körper.

»Was machst du, willst du dich in dich selbst eindrehen?«

Sie starrte nach vorn, zuckte mit den Schultern und hielt die Arme still.

»Hey, Fuchs. Du wirst mir da oben fehlen. Sowieso. Und auch, weil: Da habe ich ja dann keine, die mir sagt, wer wer ist.«

Sie lachte und drehte sich um. Ich folgte ihrem Beispiel, beide gingen wir nun rückwärts mit Blick auf die schwankenden Wollrücken.

»Wir trainieren noch schnell. Wer ist das?«

»Leicht. Elmo. Mach nicht nur Flaschenlämmer, die erkenne ich!«

»Das, da in der dritten Reihe?« Sie deutete auf ein besonders kräftiges und schönes Tier mit gesprenkelter Schnauze. Ich suchte die Herde ab, es gab ein anderes, mit dem ich es immer verwechselte …

»Salz?«

»Quatsch. Marias Schwester!«

»Mist. Siehst du, das wird nichts.«

Sie schnaubte.

»Ey«, Ella lehnte sich aus dem heruntergelassenen Fenster, »ihr müsst mal aufpassen, wir sind fast da!«

Ich fühlte, wie wir beide erschraken. Wir drehten uns um und überquerten auf einer schmalen Brücke den Fluss. Automatisch beschleunigte ich jetzt meine Schritte, um hinter der

Brücke einen Abzweig zu blockieren, niemand sollte falsch abbiegen, die Herde sich nicht teilen.

Als ich wieder neben Jade ging, griff sie nach meiner Hand, mit der anderen hielt sie sich etwas oberhalb meines Handgelenks fest, und das war unser eigentlicher Abschied. Alles, bevor Jade ins Auto steigen, und alles nach meiner Wanderung, wenn ich noch einmal zu ihnen zurückkommen würde, wäre ein Rest. Wir hörten jetzt die Glocken, und ich wusste nicht, ob tausend Glocken anders klangen als hundert.

—

Natürlich knallte die Musik im Dorf mir in den Ohren, und ich fühlte mich wie ausgesetzt, nachdem es tatsächlich einen Abschied gegeben hatte und der C15 ganz banal um eine Hausecke gefahren und verschwunden war. Ich sah mich um und musste an Lisanne denken. Einige Männer, die die Herde begleiten würden, trugen traditionelle Schäferkleidung, Hemd und Weste, Leinen und Cord. Frauen mit Hütestab entdeckte ich nur wenige, und die unter ihnen, die ebenfalls in Tracht gingen, trugen die der Männer. Einen Moment wollte ich noch in Begleitung sein und fand Loïc, als sich der ganze Zug in Bewegung setzte. Um mich zu begrüßen, musste er das Gespräch mit einer Frau unterbrechen, die sich freundlich verabschiedete und sofort einen anderen jungen Schäfer ansprach. Unwillkürlich drehte ich mich ihr nach. Ich hätte sie als Fremdkörper auf dieser Gasse erkannt, die die Hauptstraße des Dorfs war, auch ohne die Förmlichkeit ihrer Ansprache und ohne die zweite Frau neben ihr, die jetzt eine Kamera auf ihre Schultern hob.

»Sie will wirklich die ganze erste Etappe mitkommen, keine Ahnung, ob das klappt. Ich hab ihr gesagt, dass das bis nachts gehen kann. Na, ich muss mich nicht aufspielen, ich habe mir solche Sendungen selbst schon angesehen.« Loïc grinste. Ich hob die Schultern, froh, dass er neben mir ging. Manche Tiere waren derart geschmückt, dass es ihnen wehtun musste. Ab hier brauchte die eigene Herde nicht mehr gesondert gehütet zu werden, sie war aufgegangen in die neue, größere. Trotzdem hielt ich den Blick fest auf der Gruppe, die ich noch als meine erkannte.

»Die Tiere sind nicht einfach praktische Rasenmäher«, ein leichtes Lachen hinter uns, wohl in die Kamera, »ohne die Beweidung wären die Berge hier längst von einem dicken Filz bedeckt. Die Schafe kürzen das Gras, bevor es Kräutern wie Arnika und Edelweiß oder Enzian das Licht nimmt. Gehütet werden sie von Schäfern, die heute im Dienst der Kommunen und Départements stehen. Fördergelder für Landschaftspflege sind nicht selten die dürftige Haupteinkunft der Schäfer. Und Schäferinnen, wie ich sehe«, ich verstand zu spät, da ging sie bereits neben mir, die Hände lässig an die Gurte ihres Daypacks gelegt, dass ich mich gleich noch steifer fühlte.

»Seit den Nullerjahren steigt die Tendenz, immer mehr Frauen wollen Schäferinnen werden.«

Ich nickte, um es zu vereinfachen.

»Bist du mit deiner eigenen Herde hier? Wie viele Tiere sind es?«

»Ich passe auf die Herde von Freunden auf. Und möchte es mir nur einmal ansehen.«

»Wirst du alle weiteren Etappen mitgehen und oben bleiben? Es sind immerhin drei Monate, oder?«

Ich hob die Hände und lächelte, mein Stab überragte die Kamera, und es wirkte. Sie verlor das Interesse an mir und eilte mit ihrer Begleitung an uns vorbei ein ganzes Stück nach vorn. Sie trug gute Schuhe, sie meinte es ernst, und ihre Waden waren stärker, als ich vermutet hatte.

Loïc zog an den Bändern seines Wanderrucksacks.

»Die Touren werden vermutlich immaterielles Weltkulturerbe, nicht schlecht, oder? Der Antrag soll bald gestellt werden, Griechenland, Italien und hier«, er nickte in meine Richtung, »Österreich wurde der Status bereits zuerkannt. Die Sache unterscheidet sich nicht so sehr von Land zu Land, es sind immer noch Herden, die die Berge hoch ziehen, und wenig Leute, die allein mit ihnen oben bleiben. Würde aber politisch was bedeuten.«

»Passiert eigentlich etwas mit *dir*, wenn du länger unterwegs bist?«

Loïc sah so überrascht aus, als könnte man immer mit *Die Frage hab ich mir noch nicht gestellt* antworten.

Die Landstraße wand sich um die erste Bergnase, und ich ahnte, wie schwer die Füße vom Asphalt noch würden. Was, wenn wir tatsächlich bis in die Nacht laufen müssten, ich unterwegs nicht weiterkäme, einer Steigung nicht gewachsen wäre oder der freien Fläche gegenüber den Mut verlieren würde – ich griff den Hütestab fester.

»Es ist eher, dass nichts passiert.« Loïc sah zu mir. »Wir gehen, weil wir gehen. Mehr ist es nicht. Wir halten an, weil wir spüren, dass die Tiere es brauchen und wir auch. Das wiederum haben vielleicht sie gespürt. Die Verbindung mit der Herde wird mit jedem Tag intensiver. Das ist das Schönste.«

Ich drückte die Arme an den Körper, wir würden bald nach hinten wechseln müssen. Die Straße zwischen Abhang und Gestein war nicht mehr breit genug, um neben der Herde zu gehen.

Ich sah, ohne zu fokussieren, auf den hellen Strom neben uns und wartete, dass Loïc weitersprach. Als ich aufsah, war er wie unter Druck gesetzt.

»Kann schon sein, ich klinge wie ein Achtsamkeitsbuch. Tut mir leid, dass ich dir nichts Interessanteres dazu sagen kann. Vielleicht so: Es gibt die Tage und die Nächte, Hunger und Durst, und manchmal ist es brenzlig – gestern hing eins von ihnen in einer Schlinge Stacheldraht fest, wir mussten es den halben Tag tragen. Aber es gibt kein … Rauschen.«

Ich nickte langsam. Von vorn riefen sie etwas nach hinten, das ich nicht verstand, wir mussten uns bemühen, die Schritte auf der abschüssigen Straße nicht zu beschleunigen. Weiter vorn konnte man bereits das Grau der Kreuzung sehen, an der wir eine Schnellstraße überqueren würden.

Wir kamen problemlos hinüber. Bis alle auf der anderen Straßenseite waren, zählte ich lang. Ich zählte die Sekunden, als wäre das die Maßeinheit, weil es zu viele Leiber zum Zählen waren. Drüben buchtete Schotter zu einem Platz aus, dessen Fläche groß und dessen Ränder grün genug waren, wie zum Sammeln der Tiere gemacht. Dass ich meine in der Herde nicht mehr ausmachen konnte, fühlte sich seltsam an, als fehlte mir ein wichtiges Kleidungsstück, als ginge ich mit nacktem Oberkörper umher. Ich sah auf meine Schuhe hinunter. Die anderen stellten sich zwischen Herde und Straße auf, einige gossen sich Kaffee aus Thermoskannen ein. Es wurde nicht viel gesprochen. Loïc verschwand in den Büschen. Die Kamerafrau steckte ihren Zigarettenstummel in eine kleine Plastikbox, statt ihn auf den Boden zu werfen.

»Bétaillère«, rief plötzlich jemand. Ich verstand erst, als alle sich umdrehten. Ein hoher Lastwagen fuhr an uns vorbei, der unter seinem Gewicht schwankte, das, wie ich im letzten Moment sah, von Schafskörpern kam.

»Vier Etagen?« Ich hatte die Reihen vergitterter Fenster gezählt.

»Drei bis vier normalerweise, ja«, sagte die Person neben mir und schüttelte den Kopf. »Da passen 400 Tiere rein. Die sind einen halben Tag unterwegs und, zack, oben. So geht es auch.«

Loïc kam zurück und lachte angesichts des Wagens. Straße und Platz lagen im Schatten des Berges, von dem wir gekommen waren. Der Fels ragte einigermaßen steil über uns auf, scharfkantig und brüchig: Es waren feine Metallgitter darübergezogen, die Steinschlag verhindern sollten.

Eine ganze Reihe weiterer Bétaillères zog an uns vorbei, schwankend und dröhnend wie der erste Transporter. Sie fuhren nicht sehr schnell, von den Gesteinswänden wie in einem Kanal beschleunigt riss der Fahrtwind mir trotzdem an den Haaren und kühlte meinen Kopf.

Hinter mir rief eine, es war die Reporterin, die den langen Ast, mit dem sie gelaufen war, in die Luft reckte:

»À pieds, on fait figure de résistant!«

EPILOG

Hinaufziehen, die Berge hoch entlang der Grasnarbe, als wären wir Wetter. Über den Tieren, die sich in der Nacht weit den Hang hinab gefressen hatten, hing noch Dunst. Als wären sie selbst das Tal, lag dort alles im Schatten, noch bläulich. Mich erreichte die Sonne schon. Ich rollte den Schlafsack ein und hörte auf die wenigen Geräusche, die es gab. Unweit von mir klirrten Zikadenbeine. Inzwischen gab es sogar in den Alpen Zikaden, das hatte mir bei einer Rast jemand erzählt, vor zehn Jahren sei das noch anders gewesen. Ich richtete mich auf. Die anderen hatten nur ein paar Meter von mir entfernt geschlafen und saßen bereits schweigend bei heißem Tee oder Kaffee.

Die Wiesen, die bis kurz unter die Gesteinsspitzen den Hang hinaufwuchsen, hätte ich auf den ersten Blick nicht von denen im Tal unterscheiden können – da war kaum Grün, lang und fast grau standen die Büschel im Licht. Beim Gehen knirschte es von hartblättrigen Kräutern, und nur der Geruch verriet, dass da wirklich noch etwas frisch war und wuchs.

Später, wir hatten die Stäbe wieder aufgenommen, ging ich unterhalb der Viehtrift, neben mir zog eine Gruppe vorbei, der man rote Bänder in die üppige Stirnwolle geflochten hatte. Mit ihrem Fell vernetzten die Schafe verschiedene Lebensräume miteinander. Ich stellte mir vor, wie es bei jedem der mühsamen Tritte Dornen, Zellfetzen, Insekten und

Samen auf die Erde regnete, die den Tieren irgendwann an einem anderen Ort oder in anderer Höhe in die Wolle geraten waren. Sie nahmen alles auf und trugen es so lang mit sich, bis es von selbst abfiel oder jemand einen Schnitt machte: Beim Scheren fällt mit der Wolle ein Biotop zu Boden.

Vielleicht könnte ich mich tatsächlich zwischen ihnen auflösen oder in sie eingehen – wer vertraute sich hier wem an –, vielleicht könnte ich mich hinlegen und sie über mich gehen, auf mich treten lassen, eines nach dem anderen.

Ich sah den Strom der Tierleiber entlang zurück, hinter denen niemand mehr kam, den weiten Hang abwärts.

DANK

Einer Familie in den Bergen für Bilder, Zeit und Schaftinktur, Mira: fürs Spielen. Isaak und Selma fürs Lesen mit Sorgfalt und Strenge. Nadia Hamouda für dasselbe und dann für ihren Hinweis auf Trauer. In anderem Kontext, aber: den Autorinnen Simoné Goldschmidt-Lechner und Arpana Aischa Berndt für mehr als ein Gespräch, aus dem ich gelernt habe. Danke von Herzen für die vielfältige Arbeit, die so viele Menschen aus der BIPoC-Community seit Jahren leisten. Obwohl sie nicht für mich gemacht wird, bin ich als *weiße* Frau auf diese Arbeit angewiesen – auf die Verschiebung der Wahrnehmung, die sie bewirkt.

Annette Pehnt und der Werkstatt für junge Literatur Graz danke ich für die Begleitung durch mehrere Wandlungen dieses Textes, Jacob Teich, unterstützt von Yoko Hamann, für die Zusammenarbeit seitdem. Es ist mir eine Freude!